アグネ承風社サイエンス　007

新・みんなの蕎麦《そば》文化入門

～お江戸育ちの日本蕎麦～

ほし ひかる

はじめに

始まりは個人的なことからでした。わたしは子どものころから麺類が大好きでしたので、東京で生活するようになってからもすぐ蕎麦《そば》が好物になりました。ただ出身が九州でしたので、そのときから味や食文化が西日本と東日本は違うなと感じていました。中年になったころ、仲間と蕎麦の食べ歩きを始め、そのうちに蕎麦打ちや蕎麦畠で蕎麦栽培の体験をしました。

そんなとき、ある雑誌を発行している知人から「せっかくだから、蕎麦の食べ歩きのコラムを連載してほしい」と頼まれました。軽く引き受けたものの、私は3回目ぐらいで執筆が行き詰まりました。蕎麦はもちろんのこと、食についても何も知らなかったからです。軽率でした。それから反省して独学で勉強を始めました。

その方法は、わたしは歴史が得意でしたので、とうぜん蕎麦と歴史、そのベースは西と東の食文化の違いというところにおいていました。そんなでしたから、後にニューヨークやサンフランシスコ、ソウル、北京など海外へ行きましても、日本と外国の歴史と食文化の相違を比べていたところもありました。ところで、日本の蕎麦はだいたい江戸式の蕎麦が主流であることは、ご承知かと思います。ただ見回しますと、その江戸式の蕎麦、または各地方の蕎麦について詳しい方はいらっしゃいますが、日本蕎麦の全般の歴史とか、世界の中の蕎麦について述べている人はあまりいらっしゃらないようでした。ほどなくして、わたしは麺類史研究家の伊藤汎《ひろし》先生と出会いました。わたしは先生によって蕎麦麺は室町時代からあることを知りました。目から鱗の感じでしたが、それから「日本の蕎麦は中国大陸生まれの京・江戸育ち」と、わたしなりに日本の蕎麦を認識し、最終的には「現在の日本蕎麦は【江戸蕎麦《えどそば》】が元である」と自分なりに結論を出しました。

そのときの【江戸蕎麦】というネーミングのヒントは近所にあった「生粉打ち亭《きこう》」のお品書でした。その店には＜江戸蕎麦＞と＜津軽蕎麦＞の二つの品がありました。当時、世間で「江戸蕎麦」という言葉も、概念もありませんでした。わたしは店主の池田好美さんに、江戸の蕎麦の総称として「江戸蕎麦」という言葉を使わせて欲しいとお願いをしましたら、「おれは日本橋生まれだから、うちの蕎麦にふさわしい、いい名前はないかと必死で考えたんだよ。あんたもそれに気づいたのかね」と言いながら、快諾していただきました。のちに大変お世話になりました、有楽町更科四代目の藤村和夫先生からも、「君の日本蕎麦史という立ち位置は面白いと思うよ」と褒められて、自信をもちました。それから蕎麦を愛する人たちを対象にして、わたしが体験した食べ歩きや蕎麦打ちや蘊蓄《うんちく》を一つの講座にした勉強会をつくろうと思い立ちました。

そこで、食べ歩きを「舌学講座《したがく》」、蕎麦打ちを「手学講座《てがく》」、蘊蓄を「耳学講座《みみ》」と名付け、それを【江戸蕎麦学】ということにしました。こうして平成15（2003）年に日本で最初の総合蕎麦講座を立ち上げ、卒業した人には民間資格ですが【江戸ソバリエ】と名乗ってもらうことにしました。

何年か前に、サンフランシスコの日本総領事館で日本の蕎麦を披露させていただきましたが、そのとき、わたしたちボランティアチームの活動を見た現地のジャーナリストから「資格というのはだいたい個人のものですが、その点【ソバリエ】というのは、『蕎麦好きの人たち集まれ♪』というフラッグの役割を果たしています。ユニークな人的資源のつくり方です」との、評を頂いたことがあります。

その江戸ソバリエの仲間たちは、現在1700人を越えますが、皆さんは《江戸ソバリエ宣言(*)》のもと、それぞれ同期会、勉強会、食べ歩き会、蕎麦打ち会を結成し、勉強やボランティアなどの幅広い分野で大活躍されています。

＊《江戸ソバリエ宣言》＝蕎麦の花、手打ち、蘊蓄、食べ歩き、粋な仲間と楽しくやろう＝

このたびはアグネ承風社の朝倉健太郎先生（東京大学 工博）から、出版のご縁をいただきましたので、これまでの江戸ソバリエ認定講座、あるいは各地での講演、テレビ、ラジオ、新聞・雑誌などでお話する機会において質問をいただき、また、ご関心をもたれたことなどを中心にして、ここにまとめてみました。そのポイントは次のようなことです。

・「蕎麦・そば」の語源は何ですか?
・日本の字ではどうして「蕎麦」と書くのですか?
・蕎麦という植物は何処が起原地ですか?
・日本列島に植物の蕎麦はいつごろ伝来したのですか?
・日本人はいつから麺類を食べ始めましたか?
・日本人はいつから蕎麦を食べるようになりましたか?
・現在の蕎麦はいつごろ完成したのですか?
・蕎麦(麺)は、昔と現在は違いますか?
・日本に蕎麦屋はいつから登場したのですか?
・蕎麦つゆは、昔と現在は違いますか?
・蕎麦の薬味は、昔と現在は違いますか?
・蕎麦の食べ方は、昔と現在は違いますか?
・旨味は日本独自の味覚ですか?
・日本人はどうして冷たい麺が好きなのですか?
・日本人はどうして啜って食べるのですか?

・蕎麦の粋な食べ方は？
・郷土蕎麦とは何ですか？

ぜひ、この本を通して、日本蕎麦あるいは日本の食文化というものを見つめていただきたいと思います。最後になりますが、今日にいたるまで、老舗蕎麦屋の店主の皆様や江戸ソバリエ講座の講師の先生方、先輩・仲間たちにたくさんのご教示をいただきました。また「ソバリエになってよかった」とおっしゃってくれる方もおられますが、その前にわたし自身は先述の伊藤汎先生はじめ皆様方、あらためて心より御礼申上げます。

なお、この著書では一部を除いて、第7章で述べています「蕎麦」の字誕生の所以ならびに中国の漢詩を尊重して、植物、食料（蕎麦の実・蕎麦粉）、食べ物（麺など）のすべてを「蕎麦」と漢字で表記していますので、ご了解くださいますようお願いいたします。

― 目次 ―

第1章　われわれは何処から来たか

これは、ゴーギャンの絵の題名です。それにしても、わたしたち人類はいったい何処から来たのでしょうか。それを考えるためには、想像することも不可能なくらい遥か遠い700万年前の太古まで遡らなければならないでしょう。

そのころ、アフリカ大陸の森林の樹の上には猿たちが棲み、幹や枝を伝わって移動しながら目にとまった若葉・木の芽・木の実・果実や、蟻・虫など小さな生き物たちを食べていました。地球はまさに「猿の惑星」さながらでしたが、このうちのある猿たちが時々地上に降り立って土の上を歩くこともありました。

ところが440万年前ごろになりますと、たまたまだったのでしょうか、好奇心からでしょうか、それとも異常気象による食料不足に対応するためだったのでしょうか、樹の幹を歩行していた猿が地上に降り立って、草原で集団生活をするようになりました。かれらのことを私たちは今「猿人」とよびますが、これが人類への大いなる第一歩となったのです。

2本の脚で立ったかれらは自由になった両手を使って木の枝や落ちていた石を武器にしたりして、小動物を撲殺してその肉を食べるようになりました。それからかれらは次第に鋭利な石器を使うようになり、火を扱うことも知りました。幼児のように言葉にならない言葉をつかってゆっくり話すこともありました。今から200万年ほど前の太古のことですが、かれらは「原人」とよばれています。火の発見、最初は落雷による野火だったのでしょうが、後にかれらの手によって火を起こして焼いた物を口にし始めたことは、大きな出来事でした。火を使って料理した食べ物はおいしかったのです。また消化もよく、他の動物のように四六時中餌を求めて喰い続ける必要もなくなりました。そこで、かれらは余った時間に脳を使うようになりました。かれらのことを「旧人」といいます。

この旧人たちは地球の各地へ散って20種もの人類に枝別れていきました。ところが10万年前ごろから始まった氷河時代の、特に2万～1万8000年前の極寒期にかれらはほぼ絶滅してしまいました。ですが、それを乗り切って生き残った者がいました。それが約20万年前に出現した「新人」（ホモ・サピエンス）です。かれらもまた、6万年前ごろにアフリカを出て中東へと旅立ち、さらに陸・海路の移動を重ね、地球全域に住むようになりました。新人は、小社会をつくって集団で暮らし、工夫を重ねた道具で動物を狩り、植物性食料を採集して、高度な雑食生活を身に付けるようになりました。これが私たち人間の祖先となったのです。

新人には、仲間あるいは社会をつくる能力がありました。知恵を出し合うことのできたわたしたちの祖先は、今から1万年以上前ごろから野生の動植物に頼る獲得狩猟経済から脱して、植物の栽培化と動物の家畜化に代表される生産経済へと暮らし方を変えていきました。それはずっと後代に起きた産業革命にも匹敵する驚くべき大革命だったのです。

第2章　草原の輝き

「文明」というものが食料生産活動のことを指すとしますと、わたしたちの祖先が1万年以上前に植物の栽培化と動物の家畜化を始めたころが、その曙期だといえるでしょう。それにしても、なぜ祖先たちは家畜化や栽培化を開始することができたのでしょうか。それは、かれらが生活していた地域に食糧となり得る野生の動植物が存在していたからに他なりません。アフリカを脱した新人（ホモ・サピエンス）たちが、辿り着いた場所（ヨルダン、イスラエル、パレスチナ、レバノン、シリア、トルコ、イラク、イラン）は草原でした。そこには大麦、アインコルン小麦、エンマー小麦など野生の麦が陽の光に輝いていて、朝に、夕に野生の山羊や羊たちが鳴いていました。あるとき、かれらは思いました。自分たちの手でこれらの植物を植え、あの動物たちを飼うことはできないかと。それを想像すると、こういうことだったのかもしれません。

たまたま誰かが山火事後の融雪期に食べられる植物が芽吹いているのを見つけ、自分もその植物を植えてみようと思った。あるいはたまたま誰かが突然変異的に食物として適した植物を見つけ、その場所を囲い、さらに植えて育ててみようと思った。このようなことから植物の栽培化が始まったのでしょう。やがてかれらは農具の開発や灌漑《かんがい》などを工夫し、そして仲間たちも定住するようになりました。後代、かれらの一部は「農耕の民」といわれるようになりました。また、たまたま誰かが動物の仔を拾ってきて餌を与えた。あるいはたまたまおとなしい動物が近寄って来たので、誰かが餌を与えてみた。このようなきっかけで動物たちは飼われ始め、やがて人々は飼料の確保と、群生動物の誘導を始め、また搾乳技術や、生殖の管理（去勢）も考え出しました。後に、かれらの一部は「牧畜の民」とよばれるようになりました。このように、始まりはたまたまだったかもしれません。次の段階としては植物にしろ、動物しろ自分たちに都合のよい土地に移植したのでしょう。こうしてわたしたちの祖先は、この草原で栽培化・牧畜化＝domesticationという大いなる食生産システムを開発することになりました。こういった人類最古の農業ということにつきましては、現在のところ、約１万年前にレバント地方（東部地中海沿岸地方）で起きた突然変異の大麦だったことを農業生物資源研究所の小松田隆夫と、岡山大学の佐藤和広が突き止めています。またシリアのテル・アスワド遺跡（紀元前８５００～８０００年）で発見された大麦やエンマー小麦、トルコのネヴァル・チョリ遺跡（紀元前８５００年）からアインコルン小麦や、ヨルダンの遺跡から大麦と燕麦《えんばく》が見つかっているところから、辺りの草原で農耕のようなことが始まっていたということがいわれています。それらの食物の多くは、粒のままより潰した方が食べやすかったのです。

なかでも麦は、粒より粉の方が断然おいしかったのです。その粉にするための道具につきましては、わたしたちの遠祖は原人の世紀から、落ちている石を拾って物に打ちつけ、砕き、石と石を擦合せて潰すことを体験していました。ですから野生麦時代にはただの石から発展させた石器、すなわち原始的な搗臼《つきうす》や挽臼《ひきうす》ぐらいは使っていました。当然、栽培麦時代には麦の籾を取り、粉にしました。たとえばイスラエルでは挽臼が製粉道具の中の主流になっています。シリアでは麦の製粉に特化したサドルカーン（縁がなく扁平で前後の高い鞍形石皿）が登場しています。それに粉末状というのは乾燥気味の一帯では保管上都合もよかったのです。といいましても、麦を粉にしたからといって、デンプンは生では食べられません。ですから、人々は加熱して食べることを知りました。もしかしたら熱することによって、食べ物のおいしい香りも知ったのかもしれません。初め、かれらは湯で粥状にして食べていたと思われますが、4000年前ごろのシリアの遺跡（テル・ルメイラ）からはパンの焼場跡が見つかっていますから、このころは焼くことが主流になっていたのでしょう。

このように、1万年以上太古の輝かしい草原が、粉食の開闢《かいびゃく》の地だったのですが、本題の蕎麦麺にとりましても、序曲にふさわしい輝かしい出来事だったということがいえるでしょう。

第3章　稲の旋律

人類の繁栄を約束させた「栽培化」と「牧畜化」は、日本語では別々の言葉で表現しますが、英語では両方共「domestication」といいます。それは栽培化と牧畜化がほぼ同時期ごろ始まったということからでしょう。

そうした光景を俯瞰的《ふかんてき》に観ますと、西アジアは麦、羊、山羊、牛、豚、中央アジアは馬、東アジアは黍、粟、稗、稲、豚、アフリカは雑穀、そして中南米はトウモロコシのdomesticationということになります。なかでも、西アジア草原地帯の小麦と、東アジア湿地帯の稲の栽培化は人類にとって大きな財産になったということがいえます。そのうちの稲は日本人にとって命に匹敵する穀物になりますが、これには大きく2つの系統があります。一つはわたしたちが主食にしていますジャポニカ系、丸みをおびてモチモチとした食感が特徴です。もう一つはタイなど東南アジアで好まれているインディカ系、細長くてパサパサした食感をもつことで知られています。

それでは、このジャポニカ系とインディカ系は、どこからきたのでしょう。これまでは中国長江中・下流域を栽培稲の起源地とする説が有力でした。といいますのは、先史時代の稲作遺跡は、中国全土で約120ケ所ありますが、そのうちの80％は長江の中・下流域に集中していること、とくに長江下流（浙江省上山遺跡）から1万年前の栽培稲の籾殻が、長江中流域（湖南省彭頭山遺跡）から8500年前の炭化した籾殻が、下流（浙江省河姆渡《かぼと》遺跡）から700

0年前の大量の籾《もみ》・籾殻・稲茎・稲葉や農耕具が出土しているからです。

ただ近年、国立遺伝学研究所（倉田のり等）と中国科学院の研究チームが、アジア各地の野生稲と栽培稲のゲノム約1530を網羅的に解析したところ、ジャポニカ系につながる野生稲の生息が中国南部の広西省壮族自治区の珠江中流《しゅこう》であったことを発表しました。つまり珠江の中流域の野生稲から栽培稲のジャポニカ系が誕生し、そしてインディカ系は珠江流域のジャポニカ系が、東南アジアや南アジアの野生稲系と交配して生まれたのだろうというのです。では、この一帯で水稲を栽培していた人々は何者でしょうか。当時住んでいた原住民族としては現在の壮族の祖先が考えられます。その祖先というのは、あの「呉越同舟」の故事で有名な越の人たちです。歴史では、越国（浙江省）は呉国（江蘇省）を滅ぼしましたが、紀元前4世紀末に楚《そ》国（湖北・湖南省）に敗れ、その楚国も漢民族に攻められました。そんなわけで越系民族は次第に南下していったのです。それが浙江の甌越《おうえつ》、福建の閩越《びんえつ》、広東の南越、広西の駱越《らくえつ》などといわれている民族です。後にかれらは後漢のころには烏滸《おこ》・俚《り》・僚、宋代には獞《とう》、明清時代には獞《とう》、中華民国時代になってから僮《どう》・壮《そう》などとよばれるようになりました。そんなわけで民族としては1万年以上の歴史を有しています。

それから、広西省壮族自治区といえば、明江や左江沿岸の広大な崖壁画が観光的にも知られています。その中には河辺で銅鼓《どうこ》を杵で打っているところも描かれています。この銅鼓はもちろん祭器です。かれらは銅鼓の音には特殊な霊力が宿ると信じていました。かれらは河川沿いの高床式住居に住みながら、水害を恐れ、銅鼓を打って河神に祈り、また水稲の豊作を願っていたのです。ただし、あの崖壁画は戦国から前漢時代ぐらいの作とみられていますので、壁画そのものは時代的に駱越の民の手によるものかと思われます。しかし一帯に住んでいた民は銅鼓の時代よりもっと古くから、河の危険な箇所に石を立てたりして水魔を鎮める風習をもっていたといわれています。

そもそも、稲というのは水辺の植物です。かれらは珠江の中流域における多くの水生植物の中から野生稲を見つけ、さらに茎の倒れにくいものや実の落ちにくいものを選び出し、栽培にちかいことを行っていたのでしょう。また手ごろな草や竹で作った小舟を利用して水稲栽培に従事していたのかもしれません。現に長江下流の杭州湾河姆渡遺跡から木製の櫂《かい》が出土しています。

この櫂の存在は大きいと思います。それによって、そこに住んでいた人間が栽培稲を持って南の珠江から北の長江へと海路を移動することが可能になりますし、何よりもその海路の先には日本列島が稲の伝来を待っていたという話になるわけです。

第4章　栽培ソバ　中国三江《さんこう》地域起原説

「栽培植物の原産地には、その原種となる野生型が存在することが前提である。」『栽培植物の起原』を著したアルフォンス・ドゥ・カンドールが唱えてから、これが原産地探索の定理となりました。これまで述べてきました麦類も稲も、もちろんこれからご紹介しようとしているソバもそうです。

「栽培ソバ中国三江地域起原説」を提唱した京都大学の大西近江は「野生祖先種の中で栽培ソバに最も近縁なソバ野生祖先種が自生している地域が栽培ソバの起原地である」として、文献や考古学上から不適格と思われる候補地を消去して、中国西南部（雲南省・四川省・チベット自治区）に絞り込んで調査しました。その結果、ソバ野生祖先種は、図1で示すように中国の雲南《なん》省（麗江《れいこう》市・徳欽《とくきん》県・香格里拉《しゃんぐりら》県）・四川《しせん》省（塩源《えんげん》県・木里《もくり》県・稲城《とうじょう》県）・チベット自治

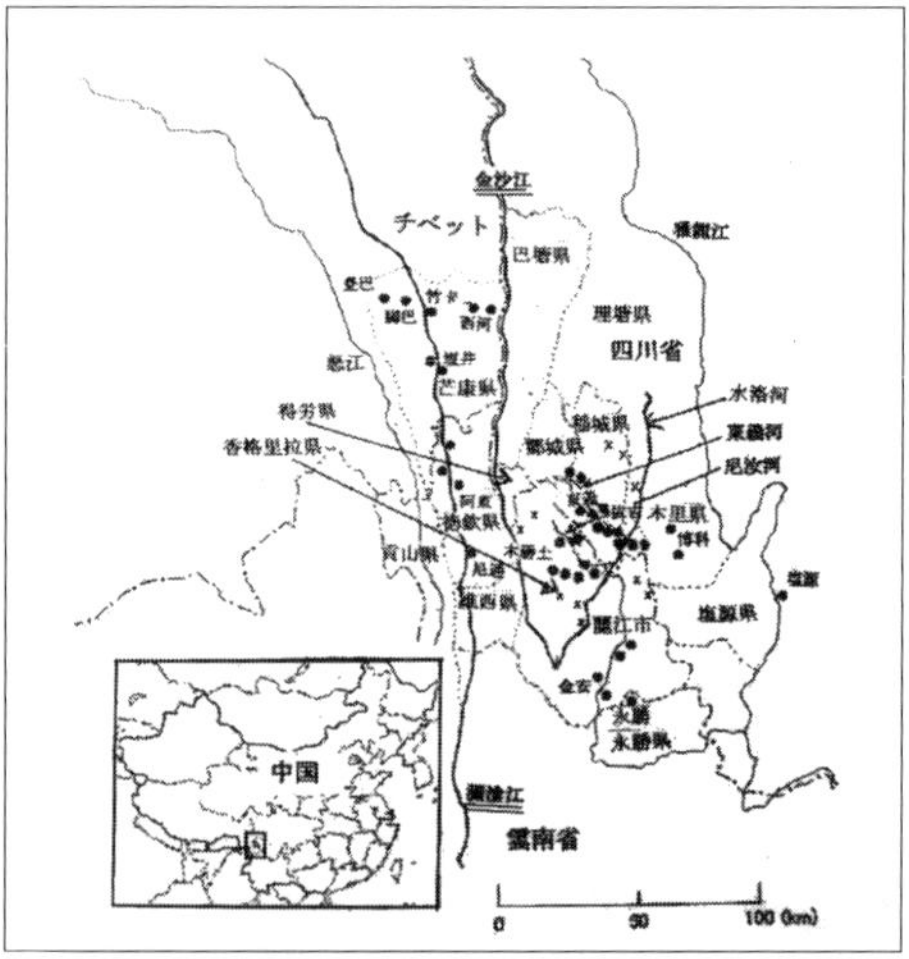

図１ソバ野生祖先種の分布

中国西南部の三江金沙江、潤瀾江、怒江流域、東義河・尼汝河渓谷及びその付近におけるソバ野生祖先種の分布●)。×は分布していないことが確認できた集落。この地図の範囲外ではソバ野生祖先種は分布していない。

ヒマラヤ 学誌、No.19、(2018

区（芒康県《まるかむ》）に広く分布していることを確認し、とくに三江長江上流の（金沙江《ちんしゃーこう》、メコン川上流の瀾滄江《らんそうこう》、サルウィン川上流の怒江《ぬこう》）のうちの金沙江と瀾滄江の流域で自生する野生祖先種が栽培ソバに最も近縁であることを突き止めました。また、そのソバ野生祖先種の起原地は東義河《ぎ》・尼汝河《にじょ》（いずれも金沙江水系）流域であることを明らかにし、それが人の手によって渓谷から脱して金沙江と瀾滄江の谷に入り、ある民族によって栽培化がなされた。それ故に、三江地域の野生祖先種が栽培ソバに最も近縁であると結論し、大西は中国・陝西省《せんせい》で開催された第10回国際蕎麦シンポジウム（２００７年）で発表しました。それ以来、蕎麦の学会では、大西の提唱する「栽培ソバ中国三江地域起原説」がほぼ確定しています。

栽培というのは人間の手によって行われます。それでは、いったい誰が、どの民族が初めにソバを栽培し始めたのでしょうか。遥か５０００年も遠い昔のことですから特定することは難しいのですが、ここで少しの考察を試みたいと思います。

そのころ、古代中国大陸においては黄河中流域の洛陽盆地の一族（炎帝族と黄帝族）の勢力が優位でした。かれらは四方に居た民族と敵対し、それらを蔑視していました。つまり北方山西省・内蒙古自治区などに群れていた多くの狩猟民を「狄《てき》」と総称し、東方（長江・淮河《わいが》流域一帯）に住む多くの農耕の民や漁撈の民を「夷《い》」と総称、南方（河南省・湖南省・四川省など）にいた山岳地帯の焼畑農民を「蛮」、そして西方（陝西省・甘粛省方面にかけて）の草原に群居していた遊牧民を「戎《じゅう》」と総称していました。さらには、そのまた西方（陝西省・甘粛《かんしゅく》省・青海省・四川省・チベット自治区など）に「氐《てい》」「羌《きょう》」なる民族もいました。これが約5000年前の、夏《か》王朝が誕生する以前の中国大陸の勢力図です。そのうちの南蛮苗《みゃお》族の蚩尤《しゆう》率いる軍が、夏の黄帝《こうてい》軍と涿鹿野《たくろくの》で戦って敗れたことが『史記』の「夏本紀」に記録してあります。

この戦いが決定的となって、中国大陸初の王朝夏が黄河流域（河南省）に誕生したのです。それは約4100年前（紀元前2070年）のことです。このころ、約5000年前に始まった栽培ソバが起原地から北方へと発って行ったと思われますが、おそらくきっかけはこのような交戦にあったのでしょう。

その後も、中原の王朝は北狄《ほくてき》・東夷《とうい》・南蛮《なんばん》・西戎《せいじゅう》の攻略を続けました。そういう状況のなか、『史記』「西南夷《せいなんい》列伝」には、現在の貴州・雲南辺りに夜郎《やろう》・滇《てん》・昆明《こんめい》などの古王国があったと記してあります。しかしそれら西南夷は漢の武帝によって制圧されました。目的はインドとの貿易ルートの開拓でした。西南夷の国々はほぼ漢の軍門に下りましたが、最後まで抵抗を続けたのが昆明国でした。司馬遼太郎は、その国は「昆明族」による国であったと述べていますが、漢との抗戦はゲリラ戦にまで及び、昆明族はあくまで漢の支配を拒み続けました。そのため武帝はこのルートを断念し、今度は西域ルートへと転換したのです。しかしながら昆明族も力尽きて史上から消えてしまいました。現実的には他の民族に溶け込んだのでしょう。当時の昆明国というのは今の雲南省の洱海《じかい》・大理《だいり》一帯に在った国です。その活動は金沙江・瀾滄江辺りに達していたことが十分考えられます。そこで、武帝の時代より2000年を遡る古代のことではありますが、栽培ソバを始めた民として消えた昆明族の祖あたりを第一候補としたいと思います。

また、『中国少数民族辞典』を見ますと、この雲南省に住む民族にはソバを伝統食としている民族が多いようです。たとえば金沙江や瀾滄江の1500~3000mの峡谷地帯に住む傈僳《りす》族、金沙江や瀾滄江や怒江に住む阿昌《あちゃん》族や、古代の羌《きょう》族の子孫である羌《ちゃん》族、他に彝《い》族、怒《ぬー》族、徳昂《どあん》族の人たちです。このなかでは、現在岷江《びんこう》一帯に住んでいる羌族が気になるところです。かれらの遠祖は遊牧民の古羌族だといわれています。古羌族は南下して岷江、大渡河《だいとが》、雅礱江《がろうこう》に定着した先住民族だと伝えられており、その後大国の漢族とチベット族の間にあって一貫して中国王朝側に付き、チベット王国と戦ってきて生き延びてきた民族です。他にも、普米《ぷみ》族というのも古羌族の末裔といわれていますが、ただかれらが金沙江や瀾滄江にやって来たのは7世紀と遅いようです。しかしながら古羌族の末裔が複数存在すること自体が遊牧民族の南下ルートが存在していたことの証となっているのでしょう。したがって、栽培ソバの民の第2候補として先住の古羌族あたりもかなり有望であると思われます。

他に、彝族というのがいますが、その歴史は割合はっきりしています。彝族の「イ」は「夷族」の「イ」からきていますが、元々は特定の民族を指しているわけではないのです。漢時代には「西南夷」、三国時代は「南蛮」とよばれ、唐時代になると「烏蕃《うばん》」（後の「黒彝族《こくい》」）と自称するようになって雲南省南部を支配し、西部のタイ系「白蕃《はくばん》」（後の「白彝族《はくい》」）を奴隷にしていました。後に、この烏蕃は雲南に「南詔王国《なんしょう》」を建てましたが、王国滅亡後も奴隷制度を維持し、白彝などタイ系民族は奴隷階層のままでした。そしてかれらは元時代には「羅羅《ろろ》族」となり、そして清朝のある時期から黒彝＋白彝など含めて「彝族」と総称されるようになったのです。１９４１年、涼山《りょうざん》彝族を調査した西南連合大学の曽昭掄《そうしょうりん》は、確かに「どこでも栽培できるソバは大切な食糧。かれらは実を粉にして平べったくまるめて食べていた。家には必ず石臼と水桶があったなど」と記録していますが、雲南省に住む他の多くの民族もソバを伝統食としています。このように彝族というのは歴史が複雑すぎてかえって明確でないところがあります。

いずれにしましても、ソバ栽培を始めた民は、薄いピンク色に咲くソバに目を奪われ、またその生長の速さに驚きながら栽培を試み始めたのでしょう。それから非脱粒性のソバを見つけ、休眠性のない、種子の大きな物を選択していき、栽培に励みました。そして、こうした辺彊の「ソバ」は、陝西省咸陽《かんよう》市の墓（ＢＣ２０６～ＡＤ８）や甘粛省武威《ぶい》の墓（２５～２２０）からその種子が見つかっていますから、前漢時代には中原でも知られるようになっていたのでしょう。

そのとき中原の人たちは、短期間でスクスクと育つ様から「喬＝キョウ・たかい」の字を充てて草冠《くさかんむり》をのせ、そして麦類のように粉にして食する植物というところから、「蕎麦」という漢字を与えたのです。漢字というのは一字で意味を表しますから、わたしたちはその瞬間に意味を考えることができます。まさに蕎麦の生長が見えるかのような良い字を考案したものと感心します。ところで、これまで述べてきましたように穀物栽培の始まりは今後の考古学の進展によって多少のちがいは出てくるかもしれません。ですが、人類がその栽培を始めたのが約１万年以上も前からだったという点は大きく変わらないでしょう。このことが人類史にとって最も重要なところなのです。

（発見者の大西近江先生は、論文で「ソバ」とカタカナで表記されていますので、この章にかぎって、それにしたがいました。）

第5章　麺誕生　4000年

約4000年前、黄河上流域一帯に高度な文化がありました。その範囲は甘粛省蘭州《らんしゅう》市を中心にして、西は青海省、東は陝西省、北は寧夏《ねいか》回族自治区や内蒙古自治区までに及んでいたらしく、それを現在「斉家文化《せいかぶんか》」とよんでいます。その文化圏内の青海省海東市の遺跡から、紅陶《こうとう》鉢の中に入った麺（粟《あわ》＋黍《きび》）が見つかりました。中国科学院の発表によりますと、麺の形は太さ0・3㎝×長さ50㎝のきれいな麺でした。続きまして、その青海省に接する新疆ウィグル自治区、歴史上では「西域」とよばれているトルファン市鄯善《ぜんぜん》県の遺跡でも碗形土器の中に入っていた約3000年前の、青海省の出土麺よりやや太目の粟麺が発見されました。

鄯善県という所は、後代の『西遊記』で有名な火焔山の麓にあり、今から3500年から2800年前に栄えていましたから、ちょうどそのころの麺ということになります。当地には約2000年以上前に「姑師《こし》人」とよばれる人たちがいたといいますから、粟麺を食していたのはかれらの祖先かもしれません。それともこのタリム盆地には5000～3000年前ごろアーリア人が侵入していましたから、かれらの食だったのかもしれませんが、井上靖の西域小説からもうかがうことができますが、当地は古くから多数の民族が去来し、烈しく、複雑な歴史をつくり上げている地域ですから、断定はもう不可能に近いでしょう。

先の青海省の4000年前の粟黍の麺、そして西の新疆《しんきょう》ウィグル自治区の3000年前の粟の麺、これらを今では「雑麺《ざつめん》」といっています。その雑麺は北京の酒店や河北省深澤《しんたく》の屋台などで食することができます。また麺類史研究家の伊藤汎は壽経寺《じゅきょう》（小石川伝通院《づう》の前身）の了誉聖冏《りょうよしょうげい》（１３４１～１４２０年）が著した『禅林小歌』の中で「雑麺」が出ていることを指摘していますので、日本にも伝わっていたことはまちがいありません。いずれも、出土は「陶鉢《すえばち》や土器の中に入っていた」といいますから、それだけでも往時の生活が偲ばれます。また青海省の遺跡を発掘した中国科学院も「穀物の粉を麺にして食べる習慣が４０００年前にあった」とみています。とすれば、この雑麺が麺類の祖ということになるでしょう。そこで、製麺の条件ということを申上げれば、穀類を粉にする（１）道具である臼と（２）製麺技術が不可欠です。

中国新石器時代の石皿・磨石・石臼・磨臼《まうす》の状況について見てみますと、少し古い文献ですが、①穀物を粉にすることが目的の「磨臼」は、黄河流域の河南省（紀元前７０００年～紀元前５０００年：裴季崗《はいりこう》文化）、河北省（紀元前６０００年～紀元前５５００年：磁山《じさん》文化）、山東省（紀元前５３００年～紀元前４１００年：北辛文化）などの早期新石器時代の華北の遺跡から圧倒的に多く出土しています。また磨臼ほどの製粉具ではありませんが、②「石皿・石棒」も多くの遺跡から出土しているところから、考古学者の藤本強は「華北の人々は早期新石器時代から粟や黍の煮炊きはもちろんのこと、粉食の伝統を有していたことを示すものだろう」と論考しています。このように、先ずは「石皿・磨石・石臼・磨臼の出土から〝粉食〟が可能だったことがいえます。

では、〝製麺技術〟はどうでしょうか。よく考えますと、身の回りには麻、綿、藁《わら》、棕梠《しゅろ》、樹皮や哺乳動物の皮などで作った縄がすでに在ります。人類の縄使用は1万年以上前からといわれていますからかなり古いのです。その縄作りの要領が麺作りに採り入れられたのは自然であると考えられます。「素麺」のことを「索麺《そうめん》」、「麦縄《むぎなわ》」と書いたり、また現代中国の回族の人たちが両手で縄を搓《な》うようにして作る麺を《搓麺《さめん》》といっているのは、その名残ではないでしょうか。㊟索＝縄

さらに、新石器時代といいますのは、農業と土器の時代です。この土器の起源は、水が漏れないようにと籠に粘土を塗付したことが初めだといわれていますが、その前段階として、昨日の雨に濡れた土が、今日は陽に晒されて固まっているのにたまたま気づいたことが、土器づくりへと繋がったのではないだろうかと思われます。その土器作りには、粘土貼り重ね法と粘土紐積み上げ法があります。日本の著名な蕎麦屋「竹やぶ」の阿部孝雄は「麺は食べる粘土細工だ」と言っていますが、哲学者であり蕎麦打ちも上手であった石川文康は「土器作りと麺作りは、手捏ね、紐という関係では同類である」と看破していました。

このように、製粉道具があって、土器作りの技術もある、華北の新石器人にとっては、粟黍を粉にし、加水して縄を搓うようにして麺にすることは、何も難しいことではなかったという

ことになります。

縄をなう→工器づくり
⬅
磨白 → 製粉 → 麺づくり

また、斉家文化圏内の甘粛省・青海省からの路は西域の新彊《しんきょう》トルファンへと続きます。それは東西文化の往来路でしたが、麺に関しては出土麺の太さからいって、東から西へ伝わったとみる方が自然でしょう。ところで、出土した麺は、陶鉢や土器に３０００年、４０００年という想像を絶するほど長い年月にわたって抱かれていたようです。この事実にわたしたち麺類愛好家は歴史の大愛を感じるところですね。

第6章　大陸を北へ

大西近江によって、「ソバ栽培の起原地」につきましては三江地域の金沙江や瀾滄江の峡谷地帯であることと、時期につきましても考古学からみて500０年前ぐらいということが突きとめられ、今は定説になりました。また、栽培を始めたのは昆明人の祖先か、あるいは古羌族たちであろうことは前に述べたとおりです。

しかし、蕎麦の栽培を始めた民族を特定するのはなかなか困難です。なぜなら人間の歴史というのは人間の交流と交戦の歴史です。とくに古代の戦というのを分かりやすくいいますと、男は殺され、女は犯され、文化は破壊されることが多かったのです。ですから、消滅した民族を解明するのはほとんど不可能にちかいということがいえます。

ですから、古代に蕎麦を栽培していた民たちが「ソバ」のことを何と言っていたかについてもまったく不明です。一部の彝族は「ソバ」のことを「グッ」と言っていたりします。たとえば「グッチョ＝蕎麦餅」、「グップァ＝蕎麦煎餅」という具合です。しかし一民族の言葉だけを取り上げるのは危険です。ましてや歴史が複雑な彝族は方言も複雑で、地域が異なれば通じなかったのですから、古代の一般的用語として取り上げるわけにはいきません。

そのようなとき、中原の漢民族がこれに「蕎麦」という文字を与えたわけです。このことによって「蕎麦」が一般的名称になったということがいえます。ところで、文明史というものをみていきますと、植物の栽培や動物の家畜というのはほぼ1000年単位で段階的に進んでいるようです。とすれば、早くも4000年前ごろには栽培蕎麦も三江地域から長い旅路の途についたとみていいでしょう。そこで、図2に示した伝播ルートということが問題になってきます。

この点につきましても、大西近江は「栽培ソバの伝播経路」として、もともとは大阪府立大学中尾佐助（1916～93）によってアジアの作物に関して提唱された①Himalayan arc. ②Tibetan arc. ③Mongolian arc. ④Turkestan arc. などが、栽培ソバの伝播経路に非常に良く合うとして採用しました。ただ⑤の経路については栽培ソバが日本へ伝播した形跡が見当たらないとし、日本に及ぶ経路としては③を推しています。つまり4000年前ごろに栽培ソバは中国大陸を北上しただろうというわけです。そのころは中原の黄帝が辺疆《へんきょう》の英雄蚩尤と涿鹿野で戦って勝利し、中国史上初の王朝「夏」が河南省の偃師《えんし》（二里頭村《にりとう》）あたりで建てられたころか、ある

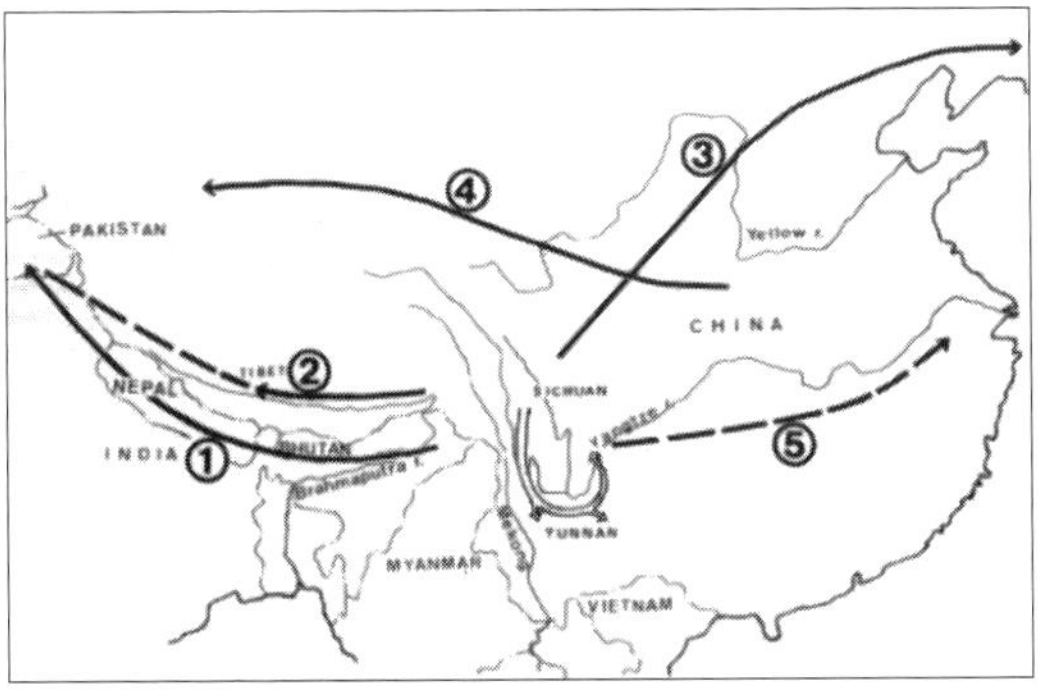

図2　栽培 ソバの伝播経路大西近江

栽培ソバの伝播経路 ohnishi（1998年）、Nakao（1957年）

1. Himalayan arc　2. Tibetan arc

3. Mongolian arc　3. Turkestan arc

いはその少し前だろうということは前に述べました。

よく、「もしもあの時、勝っていればとか、負けていれば」などと言ったりしますが、この涿鹿野の戦にかぎってはそういうことはありえません。といいますのは、中原と辺疆の戦いは中原の方が勝利するに決まっています。なぜなら統一しやすい平野では組織が誕生し、そうでない辺疆では個人の英雄に頼るしかありません。ですから勝敗は平野か山峡かという自然環境の差によるところが大きいのです。4000年前の中国においてもそうでした。辺疆の英雄蚩尤は中原の組織の前に屈するしかなかったのです。そのため、北狄・西戎・南蛮・東夷の人たちは、中原《ちゅうげん》での建国を目指すのです。これが中国の歴史です。

その一つに北魏《ほくぎ》という国がありました。北魏というのは遊牧の鮮卑《せんぴ》族のなかの拓跋氏《たくばつし》が建てた国です。その鮮卑族は東胡《とうこ》の後裔、そして東胡の先祖は山戎《さんじゅう》ともいわれています。その北魏の賈《か》思勰《きょう》という人が532年から549年ごろに著した華北の農業全書に『斉民要術《せいみんようじゅつ》』というのがあります。その「雑説」に蕎麦の栽培法が記載されていますが、遊牧民族系の北魏が蕎麦を栽培していたということが蕎麦史にとっては大変重要なことです。次に、蕎麦が話題になるのは、王禎《おうてい》の『農書』（1313年刊）です。それには「河漏《かろう》」（押出麺の蕎麦）の記述がみられます。後に「餄餎《ほうろう》」ともいわれますが、「helou 河漏」も「hele 餄餎」も、「helou」という発音が各地の方言となり、それが漢字化されたことから多くの呼び名が生まれましたが、みな同じ押出蕎麦のことを指しています。

王禎という人は山東省泰安《たいあん》市の出身で、モンゴル帝国第8代仁宗の代に安徽《あんき》・広西《こうせい》省の地方行政官を歴任した人です。モンゴル族は内蒙古自治区フルンボイル市が発祥の地ですが、7世紀ごろは蒙兀室韋《もうごつしつい》とよばれていました。その祖は東胡か、鮮卑あたりだといいますから、先述の北魏と同類の歴史物語です。さらに時代は下って江戸初期の1644年、日本の越前国の船頭竹内藤右衛門ら58人が乗った船が三国港を出帆しました。それが嵐に遭って難破し、ポシエット湾（ロシア）辺りに漂着、生存者15名は清国へ連行されました。清国というのは満州民族が建てた国です。その前身は金を建国した女真《じょしん》族（明・元・宋・遼時代の呼称）、それ以前はこの地方にいた靺鞨《まっかつ》人（唐・隋時代の呼称）←勿吉《もっきつ》人（晋・三国時代の呼称）←挹婁《ゆうろう》人（漢時代の呼称）←粛慎《しゅくしん》人（秦時代の呼称）、いわゆる狩猟民族です。日本人一行は、先ず盛京《せいけい》（瀋陽《しんよう》市）、そして北京へと連れて行かれて保護されましたが、その間に与えられた食料の中に蕎麦粉がありました。当時の狩猟民族系の清国人が蕎麦を食していたことの証です。

もう一つ、「遊牧・狩猟民族と蕎麦」ということで、決定的な例を示しましょう。18世紀末の清国乾隆帝の代の内蒙古の調査や、1941年の満州国による内蒙古の東部地域の調査というものがあります。これが面白い内容です。「旧暦4月～5月頃に黍・蕎麦の種子を草茂る原野にばら撒き、犂《すき》で種子も雑草も一緒に鋤《す》き返し、そのまま5月から8月頃まで遊牧に専念。秋の訪れとともに帰って来たとき、何ら管理されずに育った作物がたくましくはびこっている」。つまり遊牧の民とはいえ、かれらにはかれらの「牧畜を営むに障らない農耕」があったのです。以上のことから、西や北の辺疆に群居していた遊牧民族や騎馬民族たちが、昆明族の先祖や古羌族などの「ソバ」を③Mongolian arc. に乗せて移動させたであろうことが想像できるでしょう。

かれら遊牧・騎馬の民にとって、栽培に手のかからない蕎麦、また生でも食されるその実は便利な食糧であったのです。こうして、栽培蕎麦は古代の遊牧の民・騎馬の民によって、辺疆の幾山河を越えて草原を走り、北へと移動していったのではないでしょうか。そのためでしょう。蕎麦は伝統的に、広東料理、上海料理、四川料理、山東料理、満漢全席、宮廷料理などの中華の主流料理には利用されていません。

第7章　日本の蕎麦は　中国生まれの江戸育ち

わたしたち江戸ソバリエ協会では「日本蕎麦は、中国三江生まれの江戸育ち」と定義していますので、先ずは中国蕎麦史を知ることが重要だと考えています。そんなところへ、平成30（2018）年11月に日中蕎麦学国際フォーラムが北京で開催されることになりました。私が理解している中国蕎麦史を確認するにはまたとない機会が訪れたわけです。さっそくわたしたちは北京に赴いて、蕎麦史を講演しました。

ちょうど北京大学の賈蕙萱《かけいけん》先生も中国蕎麦史について講演され、その内容は両者ほぼ一致していましたので、個人的には大きな安堵を得たところです。つまり、

①栽培蕎麦の始まりは5000年前の中国・三江地域だった（大西近江説）。

②中原での蕎麦の出土は2000年前の漢時代の遺跡（陝西省咸陽市、甘粛省武威県）が最初だった。つまり中国の中原や江南で栽培が始まった漢時代あたりからだったのです。この2点が中国蕎麦史の重要なところです。

③「蕎麦」という漢字は高く、すくすく育つという意味から作られたことについても、賈先生とわたしは一致していました。そんなわけで「蕎麦」という漢字は、「ソバ」のためにだけ作られた字であり、逆にいえば「蕎《きょう》」という字は「ソバ」以外の意味はないのです。

④ただ「なぜ蕎麦が三江地域から北上したのか？」について知りたかったのですが、明確な解答は得られませんでした。どうやら中国の人はそのことをあまり問題視していないようでし

た。中国が広いといいましても、中国内のことだからでしょうか。

その点わたしは、約4000年前の遊牧の民が関与して南北移動を可能にしたのではないかとの仮説を立てていました。そんなとき目にしたのが、先にご紹介した吉田順一の内モンゴル地区農耕の調査レポートです。それには、旧暦4月~5月頃に黍・蕎麦の種子を撒き、種子も雑草も犂で一緒くたに鋤返し、そのまま8月頃まで遊牧に専念、秋に帰ってきたときは自然に育っているとありました。これによって蕎麦は古代遊牧民の手で大陸を北へ移動したとの考えは、まちがいないと確信するにいたったわけです。

⑤また、「蕎麦」が出てくる文献につきましては、北魏の賈思勰（6世紀・山東省出身）の『斉民要術』や孫思邈《ばく》（7世紀・陝西省出身）の『備急千金要方《びきゅうせんきんようほう》』から始まることも一致していました。

⑥蕎麦の効能につきましては、『備急千金要方』に消化によくないと述べており、これ以降の古典医書は代々同じ論を掲載しています。蕎麦が中国料理の王道を歩いてこなかったのも、そのせいでしょう。

以上のことから、私は古代中国において蕎麦は辺彊の少数民族の食糧であったと壇上から述べてみましたが、とくに反論はありませんでした。ところが、こうした動きとは全く違った蕎麦の世界があることをご紹介したいと思います。

それは蕎麦（**荞麦**《そば》）が中国の詩人に愛されているということです。その初めはおそらく白居《はくきょ》易《い》（772～848年）の《村夜》でしょう。

霜草蒼蒼虫切切　村南村北行人絶
獨出門前望野田　**月明荞麦花如雪**

幼い愛娘に続いて、母を亡くした傷心の白居易が陝西省渭南《いなん》市の故郷に帰ったときの詩（作詩811年）です。

これに続くのが、天才詩人と評価の高い温庭筠《ていいん》（822?～870年?）の《処士盧岵山居》です。

西溪問樵客　遥識主人家　古樹老連石　急泉清露沙
千峰随雨暗　一径入雲斜　日暮鳥飛散　**満山荞麦花**

おそらく白居易の《村夜》に感化されての作詩でしょうが、感傷的な白居易に比べて、知的音楽的な印象をうける優れた詩であるといえます。詩人たちの蕎麦の花賛歌はまだ続きます。

宋代の詩人王禹偁《うしょう》（954～1001年）の《村行》はわが故郷を思って、こう詠っています。

馬穿山径菊初黄　信馬悠悠野興長
萬壑有声含晩籟　數峯無語立斜陽
荞麦花開白雲香　何事吟余忽惆悵

村橋原樹似吾郷

さらにはちょっと毛色の違った詩があります。胡銓《こせん》（1102～1180年）の《夏旱至秋田家種蕎麦以補歳事》です。かれは南宋の政治家であり文学家ですから、「蕎麦が凶作の年をよく救う」とは、胡銓ならではの視点です。

千里還経赤地連　老農作苦也堪怜
来年不復歌豊歳　**荞麦猶能救歉年**
山色浅深秋潑薫　田毛上下暁披綿
天公莫遺霜如雪　赤子嗷嗷要解懸

そして、ついに蕎麦の花は日本の詩人の心をとらえました。

たとえば芭蕉、一茶などの俳人については枚挙に暇がありませんが、ここではある漢詩を紹介しましょう。幕末の漢詩人廣瀬旭荘《ぎょくそう》（1807～63年）の《阿部野》という詩です。大坂の阿部野は、足利尊氏を九州へ追った猛将として有名な北畠顕家が亡くなった所と伝えられています。したがいまして詩にある「南朝忠義の墓」とは北畠顕家《あきいえ》の墓ということになり、また江戸後期の阿部野には蕎麦の花が咲いていたことがうかがえます。

興亡千古泣英雄　虎闘龍争夢已空
欲問南朝忠義墓　**蕎花秋仆野田風**

虎闘龍争、夢すでに空し。今は野田を吹き抜ける風が蕎花《きょうか》を倒しているだけ。しかしそれでいいじゃないかと漢詩人旭荘は、おそらくわが身を清廉な蕎花に託し、静かな涙を流しているのでしょう。どうやら、中国における蕎麦は、辺彊の少数民族の生活に採り入れられた面と、一方ではその清楚な景観が中原の詩人たちによって愛されたという面を有しているようです。

なお、余談になりますが、第一回日中蕎麦学国際フォーラムの記念品として、戦海という書家がお書きになった温庭筠の《処士盧岵山居》を北京大学の賈蕙萱先生から頂きました。蕎麦を通しての友好の証として大事にしたいと思います。

第8章　李《り》孝石《ひょそく》の蕎麦の花

韓国に李孝石という作家がいました。かれの故郷である平昌《ぴょんちゃん》郡蓬坪《ぽんぴょん》を舞台にした小説『蕎麦の花咲く頃』（1936年）では、「咲きはじめの花が塩をふりまいたように快い月明かりに映えて、息詰まるようであった。赤い茎が漂う香気のようにほのかに透け、驢馬《ろば》の足取りも軽い」と山腹に白く咲く一面の蕎麦畠を美しく描写しています。その蓬平は今も「蕎麦の里」として知られています。

京都大学の大西近江や信州大学の氏原暉男によりますと、中国大陸を北進していた蕎麦は一転して朝鮮半島へ向かいました。

扶余《ふよ》市内の扶蘇山《ぷそさん》遺跡（7世紀）から出土しました蕎麦の実がその証拠の一つです。では、半島の人はいつから蕎麦を食べ始めたのでしょうか。そのことを滋賀県立大学の鄭大聲《ちょんでそん》は『朝鮮半島の食と酒』の中で明確にしています。鄭によりますと、『高麗図経《こうらい》』（1124年）に「麺」の字が出ていること、『老乞大《ろうきつだい》』（高麗末期）には「高麗人は温麺を食べる習慣がある」と書いてあることなどから、朝鮮半島に麺が顔を出すのは高麗時代（918〜1392年）からとしています。日本に挽臼が伝来したのが鎌倉時代の1241年ごろですから、日本より100年ほど早いということになります。

それ以来、朝鮮の人たちは、小麦、蕎麦、緑豆、大豆、葛、山芋、天花、栗、百合、黍など何でも長細い形状の麺条にして、「麺」として好んで食したといいます。なお、中国では「麺」

というのは麦の粉のことを指しますが、日本では素材と関係なく麺状の食べ物を全て「麺」とよんでいます。これも朝鮮半島の影響かもしれません。

さて、朝鮮半島の蕎麦麺には押出麺の《冷麺》と、切麺の《温麺》の2種があります。前者は北朝鮮発、後者は韓国南部に多いようですが、現在は半島全体で《冷麺》が見られます。北朝鮮の押出麺は、小麦粉が貴重でしたから、秋に収穫した蕎麦粉に「つなぎ」として緑豆粉を使ったことから始まったようです。ただ緑豆粉は時間をおくと形が崩れますから、押出具から出てくる麺の下に熱湯を用意しておいて即時に茹で上げます。そしてすぐにそれを冷水で急冷させます。これが《冷麺》ですが、急冷することから〝腰〟のある麺が生まれました。さらに麺は、冷たい汁に入れて、温かいオンドルの部屋の中で食べます。冷麺の汁は、水分たっぷりの大根キムチや白菜キムチの汁です。唐辛子伝来（1776年）以前のころから作られていた元来のキムチです。作り方は、大きな瓶に小ぶりの大根、少々の塩、適量の水を加えて漬け込み、瓶を土中に埋めます。こうした野菜類を塩に漬けることは、『東国李相国集』や『山村雑詠』などの資料から、12～13世紀以前から始まっていたようです。

そういえば、〝冷たい〟麺とか、〝腰〟とかは、現在の日本麺のお得意芸ですが、そのルーツも朝鮮半島にあったのです。では、朝鮮と日本の麺の相違は何でしょうか。それは「肉」の使用です。『東国歳時記』には「冬の食として蕎麦の麺に大根のキムチ、白菜のキムチを入れ、その上に豚肉を合わせておくものを冷麺という」とあるそうです。これは朝鮮半島の「冷麺とキムチ」の関係を示す大切な資料です。そして日本のつゆと違って、肉を使っています。それなら、朝鮮半島の人たちが肉を食べるようになったのはいつからでしょうか。

古代は別として、歴史上の半島は仏教国であり、肉食は禁じられていたはずです。それが破られたのは、13世紀に遊牧民が建てたモンゴル帝国の支配下にあったときです。その影響から朝鮮の人たちも肉食をとり入れたのです。元来、肉食は遊牧民の食慣習ですが、肉といっても、それは鶏、羊、豚、牛のような家畜の肉で、乳や卵をも利用できるものであることが多いのです。

韓国映画『食客』では、牛肉のスープ《ユッケジャン》＝牛肉＋唐辛子＋里芋の茎＋蕨が〝朝鮮人の心のスープ〟として登場します。それほどに朝鮮の人の心を捉えた肉です。《冷麺》に使われるのは自然のことでしょう。ところで、資料を見ていますと、昔の麺汁は雉《きじ》肉を使ったと述べています。

（1）「忠清南道の大田の《スッコル麺》は、蕎麦粉と小麦粉を9対1にした麺と、鶏のスープとトンチミの汁を3対7にしたつゆ。鶏肉を使うのは、かつて北朝鮮で使われていた雉肉に味が似ているから」（鄭銀淑『韓国の美味しい町』）

（2）「春川市内ではマックックス屋を見かける。マックックスは、江原道名産の蕎麦粉を使った冷麺で、冷やした牛肉スープ入りが逸品。昔は山で捕った雉肉を使っていた。」（金両基《きむやんき》監修『世界の歴史と文化 韓国』）

（3）先述の映画『食客《しょっかく》』でも、「昔、官庁は鷹に雉を捕まえさせた。それほど雉は貴重な食材である」という台詞が出てきます。

日本でも王朝時代の昔から雉は珍重され、その料理法は『四條流庖丁書』などに記載されています。雉が珍重される理由は「美味」の一言に尽きるそうです。そこで資料ばかりではなく、韓国宮廷料理研究家の崔誠恩《ちぇそんうん》氏に韓国における「蕎麦と雉の汁」の作り方を尋ねますと、やはり「昔は、水キムチの汁を煮て、それに新鮮な雉の肉片を入れて麺の汁としていた」と教わりました。

これらから、《冷麺》の歴史が想像できます。

①先ず草創期には麺（蕎麦＋つなぎ）とキムチ汁が出会い、
②次に麺（蕎麦＋つなぎ）＋キムチ汁＋雉となり、
③それから麺（蕎麦＋つなぎ）＋キムチ汁＋肉（鶏、豚、牛）

という具合に肉の使用が変化し、広がっていったのでしょう。つなぎは、主として緑豆、ジャガイモ、トウモロコシを使うのが昔流のようです。

朝鮮半島の人たちは、このキムチ汁を金属製の匙《さじ》で掬い、蕎麦麺を金属製の箸で掴んで食しますが、その汁の心地よい酸味のおいしさにはハマってしまいます。ちなみに金属器を好むのも遊牧民の慣習です。韓国ドラマ『オクラン麺屋』（監督：キム・ジョンヒョン）でも金属器の《平壌冷麺》が民族の心の料理であることがよく描かれています。またそのドラマのなかで楡の樹皮の粉を入れると香りがして後味がすっきりするという箇所がありますが、中国の『斉民要術』（6世紀）には楡《にれ》の種子を搗いて粉にし、酒と醤をあわせて作った楡子醤《にれのみのびしお》が載っており、また日本の『延喜式』（827年）には楡の皮を搗いて粉を得るとあります。どうやら楡の食利用は古代中・朝・日で共有文化だったようです。

さて、李の故郷蓬坪はソウルから東へ約2時間、海抜700mに位置する所にあります。途中から蕎麦畠が山の麓に散在し、その白い花に目をうばわれます。蓬坪を流れる興亭《ふんじょんちょん》川の畔まで来ますと、2万坪の蕎麦畠がサァーと広がっているのです。この蕎麦畠で、『蕎麦の花咲く頃』の主人公は、村一番の別嬪といわれる娘と出会ってしまいました。しかし翌日、娘の一家はそろって蓬坪から消えてしまったのです。村人たちは、極貧ゆえに「娘は売りとばされた」と噂していました。主人公の許生員《ほせんうぉん》という名の男は貧乏の上にあばた面、女とはまったく縁のない寂しくねじけた半生をおくってきたのですが、あの夜の娘の姿だけはけっして忘れることができません。許は平昌郡内の村の市場を巡って行商を続けることにしました。平昌郡にいるかぎり何処かでまたあの娘と会うことができるかもしれないとの切ない思いをだいていることすら自分でも気付かない愚直な男なのです。小説は、これだけです。哀れで寂しい話ですが、白居易の「村夜」同様の詩情があります。そんな蓬坪では毎秋、蕎麦祭が行われます。道端には往年の市場にも似た店が並んでいます。加えて２０１７年は清州と蓬坪で第13回目の世界蕎麦・シンポジウムが開催されました。韓国で蕎麦のシンポジウムを開くなら、李の小説の舞台である清州と蓬坪しかないということでしょう。作者の李孝石は韓国の蕎麦の神様となったのではないでしょうか。

第9章　人の路《みち》・蕎麦の路

蕎麦栽培の起原地から日本への伝播経路につきまして、大西近江は東南アジア島嶼および台湾、沖縄において、蕎麦の栽培歴が見当たらないところから、中国大陸を北上したとしました。また信州大学の氏原暉男も、図３のように蕎麦は朝鮮半島を経て北九州あるいは山陰地方に上陸したと推測しました。その大陸北上の足跡を証明するような面白い本があります。『中国麺食い紀行』といいますが、中国全省（27省４市）で２０７食以上を食べ歩いた人の記録です。著者はひたすらおいしい麺を食べるということだけで全土を巡った人ですので、かえって小麦粉麺と蕎麦粉麺の実態が反映されていると思います。

それを見ますと、ほとんどが小麦粉麺で、次の５省９食だけが蕎麦粉麺です。

①四川省アバ・チベット族チャン族自治州（蕎麦麺・蕎麦煎餅）、
②甘粛省平涼市（餄餎《ほうろう》蕎麦麺）、
③陝西省延安市（羊肉蕎麺餄餎・蕎麺疙瘩《ぐーだ》）、
④河北省承徳市（白蕎麦麺）、

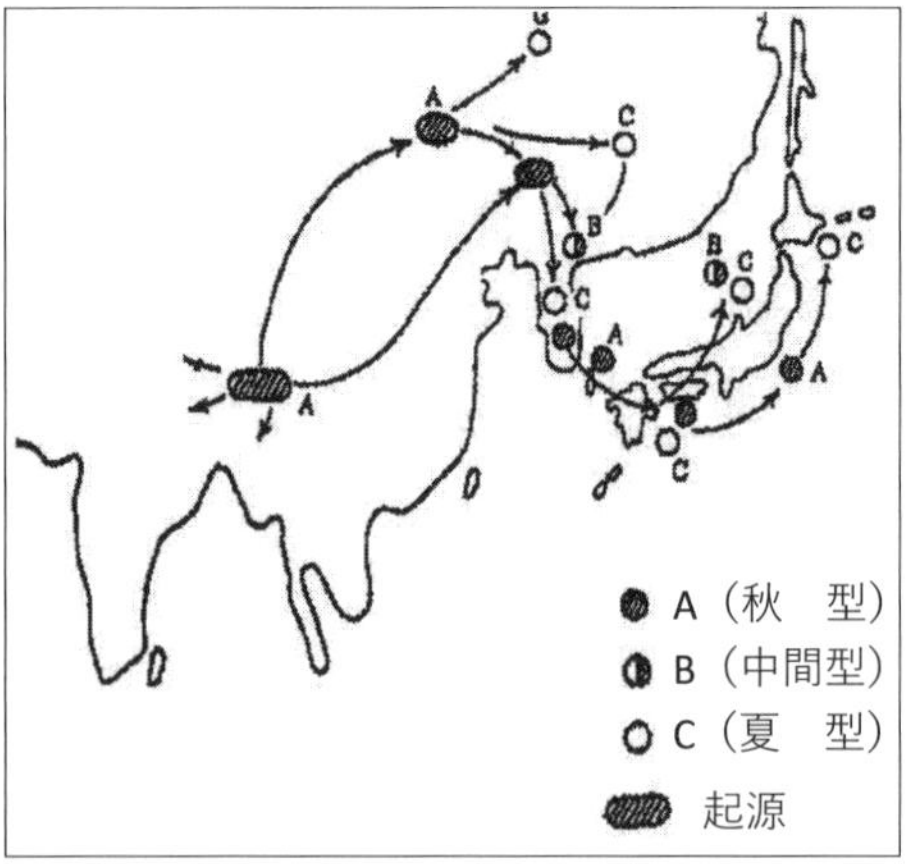

図３　普通蕎麦の伝播の経路と生態型の分化

⑤内蒙古自治区フルンボイル市（餄餎蕎麦）、同区赤峰市（焻鍋《ちゃんぐお》蕎麦麺）、同区ソブリガ（蕎麦麺）。

甘粛省も陝西省も河北省も内蒙古に接しています。地図を見ても中原とはいえない地域の現代食に蕎麦があるところからしますと、それらの地域の人々は歴史のある時点で蕎麦を受け入れたのでしょう。この中の「餄餎」というのは押出式製麺器のことですが、そこから押出麺そのものもそう呼ぶようになったようです。中国黄土高原を調査した大阪外語大学の深尾葉子によりますと「粘り気の少ない雑穀を麺にするための道具」として考案されたといいますから、華北の粟農耕地域で生まれたのかもしれません。

さて、氏原のいう「朝鮮半島を経た」と思われる４０００年前は、中国北方に遊牧民族の獯《くん》鬻《いく》族、朝鮮北方には濊貊《わいはく》族がいました。そのうちの濊貊というのは中国史の呼び名ですが、かれらこそが現在の朝鮮民族の祖ではないかと韓国古代史研究家の洪淳昶《ほんすうちあん》は述べています。かれらが華北方面から移住して来て、半島にいた先住民を駆逐し定住したというのです。それは今からおよそ３５００年ぐらい昔のことのようですが、朝鮮史でいえば檀君《だんくん》神話の時代のことでしょう。

そのころの栽培穀物は粟でした。粟は朝鮮半島の最古の栽培穀物ですが、ＢＣ４０００～３０００年の有文土器時代の中ごろに粟農耕が始まったとみられています。この後、ＢＣ１００

0年ごろに朝鮮半島は無文土器の時代に入りますが、その前から穀粒を粉にする磨盤・磨棒が中国華北から伝えられていました。そこから、半島は中国の夏家店《かかてん》下層文化（内蒙古自治区赤峰市）の影響下にあったとみられています。そうだとしたら、中国北方へ達した「蕎麦」は、朝鮮半島へ伝播したものとみていいはずなのですが、残念ながら北朝鮮の遺跡から粟・黍・稗・大麦が出土していながら、蕎麦の出土はまだ三国時代の扶蘇山遺跡までしか遡れていません。

その扶蘇山城というのは、扶余市内の北白馬江の河辺にある小高い扶蘇山（106m）に造られた百済時代の山城です。538年に百済の26代聖王が熊津《ゆうしん》（現：公州）から泗沘《さび》（現：扶余）に都を移した後、660年に百済が滅亡するまで都だった所です。日本の飛鳥時代にあたります。では、朝鮮半島に麺が顔を出すのはいつごろでしょうか。古代情報の詳しいことは未だ不明ですが、鄭大聲《ちょんでそん》は高麗時代（918〜1392年）からとしており、朝鮮半島が蕎麦王国として千年余の歴史をもっていることは事実です。

さて、「蕎麦」は朝鮮語で「me-mil」、「蕎麦麺」は「me-mil-auk-ssu」と言っていますが、その「メミル」は、いよいよ海を臨む半島の南端までやって来ました。そこには半島と北部九州を行き来する海民がいます。日本は縄文晩期を迎えていました。朝鮮の有文土器時代は日本の縄文後期にあたり、無文土器時代は縄文晩期にあたります。歴史上〝晩期〟というのは、時代の変わり目ということを意味します。歴史家の網野善彦は「縄文時代の生活様式が限界に達し、それを打開するための道が、列島外との交流のなかで強く模索されていたことは確実といってよかろう。とくに西北九州は、早くから海を通じて朝鮮半島東南部ともかかわりをもつ海民の活発な活動がみられた地域であり、新しい文化はこの海の世界を通じて入ってくる」と述べています。つまりは【玄界灘の縄文晩期人】が日本列島の新世紀を招く力をもっていたというわけです。

ここで人類史を振り返ってみますと、中東の地に足を踏み入れたホモ・サピエンスのうち、ある一群はヒマラヤ北ルートを通り、別の一群はヒマラヤ南ルートを回ってアジアへと達しました。国立科学博物館の海部陽介や国立歴史民俗博物館の資料によりますと、

（１）アジアに達したかれらは朝鮮半島↓対馬↓北部九州に足を踏み入れたというのです。時代は３万８０００〜３万７０００年前の太古、むろん日本列島は無人の山野でしたが、かれらが最初の日本人になったのだろうといわれています。

（２）第二陣は、ヒマラヤ南ルートを回ってアジアへと達した別の一群が、台湾↓琉球列島↓南部九州に到達しました。

（３）そして第三陣は、ヒマラヤ北ルートを通って大陸の北側↓サハリン↓北海道へ南下して日本人となったといいます。いわば往古から「日本民族への路《みち》」が存在していたのです。そのうちの第一のルートにいたのが、北部九州玄界灘の海の民だったのです。その人たちが、縄文

晩期にいたって列島の新世紀を切り拓いていったということになりますが、わたしたちにとって重要なことは、海外からもたらされたニューウェイブのなかに栽培蕎麦があったということです。

第10章　対馬の蕎麦　原始の蕎麦

朝鮮半島を経ていよいよ日本列島です。興味深いことに、朝鮮半島と北部九州の対馬・佐賀・福岡には共通した「山姥《やまんば》と蕎麦の茎《くき》の話」という民話が伝わっています。つまり蕎麦の茎が赤い理由を民話にしているのですが、そこに登場しています「山の神＝山姥」は民俗学では焼畑の民特有のものであるといいますから、古代では両国の蕎麦栽培が焼畑農法だったことがうかがえます。

世界地図を見てみますと、朝鮮半島と九州北部の間に都合よく飛び石のように位置している対馬があります。この飛び石の対馬が歴史上重要な役割を果たしてきたのです。これら朝鮮半島・対馬・九州北部は距離が近いため、類似の言葉が少なくありません。たとえば、対馬の人が言うには、「調子づく」を韓国南部の人は「トンブルミョン」と言い、対馬の人は「トンボモン」と言うらしいのです。そういえば北部九州の佐賀弁では同じことを「トンコヅク」と言います。このように「トン」が共有されているのは交流の足跡だといえると思います。対馬というのは石の多い島です。そのため農耕が適さないので、漁業、交易を生業としてきました。そういうことから、対馬は渡って来た数少ない穀物である蕎麦を守ってきたのです。それが日本の蕎麦の中で最も原種にちかいといわれている「対馬在来種」です。

現代の対馬在来種の年間生産量は約50～60トン。農法は、１９６1年までは焼畑（対馬や九州各地では「木庭」などという）だったといいますが、今は見られません。ただ、あるＮＰＯ

団体が伝統焼畑農法の再現を試みているところだと聞いています。さっそく、この対馬の蕎麦を食しました。案内していただいたのはご縁があってお願いした対馬市の福岡事務所長さんでした。

その前に、実は行きたい蕎麦屋がありました。何かで読んだことがありますが、ある蕎麦屋で対馬の蕎麦を食べた詩人の平出隆がその野趣味を「原始の蕎麦」と讃えていたのを憶えていましたので、所長さんにお尋ねしてみたところ、そのお店は今はもうやっていないとのことでした。平出は詩人の感性で対馬の蕎麦の本質をつかんだのでしょう。それがどのようなものだったのか、私も味わいたかったのですが、「原始の蕎麦」は幻に終わりました。そのようなわけで残念ではありますが、これ以降は所長さんのご案内に素直に付いて行くことにしました。

《いりやき蕎麦》＝出汁は鶏ガラです。鶏ガラの鶏は「対馬地鶏」と呼ばれていて、鶏の特徴である肉垂《にくすい》（鶏の頬や顎の辺りに垂れ下がる肉質の塊）がなく、代わりに髭状の羽毛が生え、雄の首には鮮やかな金色の羽毛があるそうです。こうした特徴から「対馬地鶏」は大陸の血を引いた鶏とされています。この鶏の出汁に、砂糖か味醂《みりん》（その昔は酒だったのでしょう）を加え、薄口醤油で汁を作ります。それに対馬地鶏（または雉、鴨）の肉、あるいはグレ（メジナ）、ブリ、アラ、マダイなどの魚や、たっぷりの野菜や豆腐や蒟蒻《こんにゃく》などを入れた寄せ鍋が郷土料理《いりやき》です。

これを食べた後の締めに素麺か、蕎麦を鍋の中に入れて一煮立ちさせるか、単に汁をかけて小葱《こねぎ》で食べるのが対馬流だそうです。それを掛け蕎麦風にしたのが《いりやき蕎麦》です。「そば道場」という所で頂いた《いりやき蕎麦》は具材として、対馬地鶏の肉、白菜、葱、蒟蒻、小葱が入っていました。

《地鶏蕎麦》＝「体験であい塾匠」で頂きましたが、地鶏と干椎茸で出汁を取り、醤油、味醂、砂糖などで汁にするのだそうです。

《かけ蕎麦》《もり蕎麦》＝もちろん江戸式の温かい《かけ蕎麦》や普通の《もり蕎麦》もあります。《かけ蕎麦》は、鰹と昆布の出汁に、地鶏ベースの汁を混ぜて作ります。《もり蕎麦》は、鰹と昆布の出汁と返しで作ります。

以上が対馬の蕎麦ですが、ついでながら薩摩芋を粉状にして乾燥保存し、せん（澱）にして、「せんせぎ」で押出して麺にし、サッと茹で上げ、鶏出汁のつゆで食べる郷土料理《せんそば》という麺もありました。芋の麺であるのに「そば」とよんでいるところが面白いと思います。いずれにしても、対馬では《いりやき蕎麦》も《地鶏蕎麦》も《かけ蕎麦》も《せんそば》も、出汁は鶏でとります。しかし、昔の日本の食習慣としてはあまり鶏を食べていませんでした。食べるようになったのは幕末・明治からです。そんな状況のなか、対馬、壱岐、長崎をはじめ北部九州では外国の影響から少し早い江戸後期ごろから食べていたようです。とくに佐賀藩の武士たちは鶏肉を贈答用に使っていたことを食文化史学者の江後迪子《えごみちこ》が明らかにしています。こうした先進的慣習は佐賀鍋島家と福岡の黒田家が一年交代で長崎を管轄していたところに由来するのでしょう。

ですから、対馬も早くから鶏出汁で蕎麦を食べるのは至極しぜんのことだったのです。そもそも、麺と汁はセットで一つの食べ物ですから、汁の原点を知るのも大切なことです。そこで出汁として「トリ」を使用していたと思われる地域の人の話を集めてみました。

（1）筆者は、中国華北の承徳市で皇帝が愛したという《蕎麦》を食べたことがありますが、そこでは鶏の汁でした。

（2）韓国料理家の崔《ちぇ》先生から、朝鮮半島の《冷麺》の昔の汁は雉であったと教わりました。

（3）対馬市福岡事務所長は、「今は鶏だけど、昔は山鳥が出汁だった」と言っていました。

（4）佐賀の人の話によりますと、佐賀市近辺では最近まで《鳩蕎麦》があったとのことです。

（5）鹿児島の知人の話によりますと、「昔は鶏出汁の蕎麦だった」ようです。

（6）蕎麦研究家の笠井俊弥は、「四国の祖谷では、昔は山鳥で蕎麦を食べていたらしい」と私に教えてくれました。

これらから、中国華北・朝鮮半島・北部九州は、鶏または雉など《山鳥の出汁》で蕎麦を食する圏域であったと思います。そうしますと、大昔の日本には仮称【渡来蕎麦】というものが在ったことが想定されのではないでしょうか。そして、そうした蕎麦が近畿へ伝わりますと、近畿の日本人は肉食を避けていたため、その生活にふさわしい味噌を取り入れて《垂れ味噌》汁を常食とする【寺方蕎麦】へと変貌したのでしょう。

よく、「対馬は古代史の宝庫だ」といわれますが、蕎麦においてもそうだと思います。「対馬在来種」は日本の栽培蕎麦の中で最も原種にちかいといわれていますし、汁は大陸風の《山鳥の出汁《だし》》です。また対馬の蕎麦を「原始の蕎麦」と表現した平出ばかりではなく、「ダンチュウ」で蕎麦の仕事を一緒にしたモデルのノーマさんは感性の鋭い人で、「蕎麦は縄文の香りがする」と言っていました。たしかに蕎麦にはそういうところがあります。対馬の出汁と蕎麦、これからも日本の宝として大事にしていきたいものです。

第11章　蕎麦の実の時代

1　真福寺《しんぷくじ》貝塚の蕎麦

「なぜ栽培蕎麦は始原地を離れたのですか?」という問いには、すでに述べましたように蕎麦が遊牧民族の農業に適していたことが直接的な理由でした。このようにして栽培蕎麦は中国大陸を北進し、そして朝鮮半島・対馬を経由して九州北部辺りに上陸、さらに日本列島を北上していったのでしょう。

神戸大学の美食地質学者である巽好幸《たつみよしゆき》は、蕎麦の産地はだいたい、この美しい島国の火山帯上にあると言っていますので、栽培蕎麦は日本列島の火山帯を北進したのでしょう。幸い東日本は黒ボク土という質の良い土壌でした。こうして、栽培蕎麦は3500年ぐらい前の縄文晩期に関東に達しました。

一例を言いますと、縄文後期から晩期にかけての奥東京湾の低湿地にあった集落「真福寺貝塚」(さいたま市岩槻)から、蕎麦、小豆、胡麻、瓜、茶ノ木などの栽培植物が出土しました。ただし発掘調査(大山史前学研究所)が大正末期ですので多少不明な点もありますが、蕎麦史から見れば注目に値することです。

真福寺部落一帯は、他の植物遺物から想像しますと、葭《よし》などが生える湿沢地が拡がり、それに接して小楢《なら》、水楢、栃の木、銀杏、栗の木、鬼胡桃、榎、臭木《くさぎ》などの落葉樹や、榧《かや》、犬榧《いぬがや》、椿などの常緑樹の原始林が茂っていたようです。そして森に実る果実を求めて雁・鴨・雉などの鳥類が飛来し、鹿、猪、狸などの獣類が棲息していました。部落の縄文人たちは、裏山で食用果実や山菜や山牛蒡などを採集し、森林に分け入っては丸木弓、石鏃、石器を使っての狩猟、あるいは川や海に下りて行って大和蜆《しじみ》、蛤《はまぐり》、牡蠣《かき》、灰貝《はいがい》などの貝類や、鯉、鮒、鯔《ぼら》、鱸《すずき》、鯛《たい》といった魚類や鯨などで漁撈《ぎょろう》生活をおくっていました。かれらが住んでいたのは竪穴住居ですが、大型の竪穴住居に住んでいたことが判明しています。一般的に縄文人の竪穴住居は平均直径５ｍ、深さ５０～１００㎝の穴を掘り、円形型住居の場合６～８本、方形型は４～６本の柱を立てて屋根をかけ、床面上には乾草か茣蓙を敷いて、５～６人が生活していたと推定されています。

ところが真福寺貝塚地区は一辺10ｍの大型住居でした。半地下式の住居は日本の風土に適していたといわれ、冬暖かく夏涼しく、湿気が問題ではありましたが、住居の真ん中にある屋内炉が役立っていました。縄文以前の人類は採集・狩猟生活を行なっていましたが、漁撈は縄文人が始めました。その記念碑が貝塚です。また魚介類を煮炊きすることから土器が考案されました。筆者も煮炊き用の土器を製作したことがありますが、蕎麦を捏《こ》ねるように、粘土から空気を追い出すようにして作ります。空気が入ったままだと水漏れがして鍋の用を足さないからです。縄文土器料理は鍋料理の元祖といってもよいと思いますが、それ以上に今でいう〝煮る〟

という和食の原則が縄文料理にあります。また煮炊きすることから栃の実などの灰汁をとる工夫も生まれました。当地の土器は考古学上では「真福寺式土器」と分類され、関東地方における縄文晩期前半の土器とされています。さらに真福寺部落では製塩土器も出土し、貯蔵用の土坑も見つかっています。

かれらは、蓄えておいた栃の実を土器で灰汁《あく》抜きして、石皿磨石《すりいし》で粉にし、それを団子にして、土器で山菜や魚貝と一緒に煮て、味が足りない場合は塩を加え、木の枝の箸を使って食事をとっていました。衣服は、おそらく苧麻《ちょま》の茎の皮から採れる繊維を糸にして編んだ物を身に着けていたのでしょう。ムラの女たちは勾玉《まがたま》、耳飾、漆塗の櫛で装飾もしていました。何かの儀式には石剣を奉じたりしていました。このように、かれらは四季折々、落ちている物の採集から積極的な狩猟・漁撈生活までを営んでいました。ところが〝晩期〟とは明ければ次の時代ということでもあります。今から3000年前に九州北部で水田稲作が始まっていますが、その前に採集・狩猟・漁撈生活の一方で、蕎麦、小豆、胡麻、瓜、茶ノ木などの栽培という自然の活用を、まず焼畑方式で手掛け始めていたのではないのでしょうか。

そこで、全国の蕎麦花粉や蕎麦実の出土例を見てみましょう。すると、南は福岡・長崎から北は函館まで全国十数カ所の例があります。その一つひとつはさらなる精査が必要かもしれませんが、大事な点は①大部分が縄文晩期の遺跡であるということと、②稲に先駆け、蕎麦の伝来が早かったということです。それは遊牧民同様に、かれらにとっても蕎麦栽培が取組みやすかったということが大きな理由でしょう。

したがいまして、稲作の列島への伝来が約3000年前としましたら、栽培蕎麦は4000~3500年前というのが、この項で申上げたいことです。さて、縄文人といえば、藝術的な土器や土偶が知られています。後期の真福寺部落においても楽しい土いじりが行われていたようです。その一つが図4に示した「みみずく土偶」（国の重要文化財）です。不思議なことに土偶のほとんどは妊婦ですが、このみみずく土偶も大きな目をもった可愛らしい女性像です。もう一つ「異形土器」と名付けられた物がありますが、真似て作ろうにも難しそうな実にコミカルな動きをもつ造形です。この二つを見ていますと、縄文人の笑いながら楽しそうに話す声が聞こえてくるかのようです。

縄文人の言語能力は現在の私たちとほとんど同様の母音と子音を複合した音節言語が使っていたといいます。具体的な言葉は分かりようがありませんが、おそらくメ（目）、ハナ（鼻）、ミミ（耳）、クチ（口）、テ（手）、アシ（足）、

図4　みみずく土偶

ツチ（土）、カワ（川）、ウミ（海）、ヤマ（山）、ソラ（空）、イネ（稲）、ムギ（麦）…など短い言葉ほど縄文語だったと思われます。そして、かの穀物が火山帯や、峙《そば》だつ山、聳《そび》える山など辺鄙《へんぴ》な場所に育っているのを見て、かの穀物のことを「ソバ」などと呼び始めていたのかもしれません。

2　氷高皇女《ひだかのひめみこ》の救荒喬麦《そば》

大河のように時代は大きく流れた8世紀、日本国では氷高皇女（元正《げんしょう》天皇：在位715～724年）が即位しました。氷高の父は草壁皇子・母は元明《げんめい》天皇、祖父は天武天皇・祖母は持統天皇と、最高の血統の持主です。『続日本紀』では氷高皇女を「見識が奥深く落着いておられる」と他に見られないほど讃えています。この皇女は霊亀《れいき》2年（716年）11月19日に大嘗祭を行いました。由機田《ゆきでん》を奉仕したのは遠江国《とおとうみ》、須機田《すきでん》は但馬国《たじま》でした。

そして、6年後の養老6年7月19日（722年）にはこんな興味深い詔を発しています。「今夏無雨　苗稼不登　宣令天下国師　勧課百姓　種樹晩禾　喬麦及大小麦　蔵置儲積　以備年荒」（訳：今年の夏は雨が降らず、稲の苗は実らなかった。そこで全国の国司に命じて、人民に勧め割りあてて晩稲《おくて》・喬麦《くろむぎ》・大麦《ふとむぎ》・小麦《こむぎ》を植えさせ、その収穫を蓄えおさめて、凶年に備えさせよ。）

「蕎麦」とは「蕎麦」のことです。たまに「誤字ではないか」という人がいますが、それは現代人の見方です。蕎麦が75日で「高くスクスク伸びる＝喬《きょう》（たかい）」というところから「蕎麦」の字が考案されたことはすでに述べましたが、そのことを考えれば、「喬麦」も「蕎麦」も等しく使用されていたのだと思います。

それにしても、縄文言葉の「そば」ではなく、なぜ「くろむぎ」としたのでしょうか？

麦の専門家によりますと、これまでの日本人は一《ひと》くくりに「麦」と言っていましたが、このころから「大麦」と「小麦」を分別できるようになったといいますから、中国で蕎麦という漢字が当てられ、日本人もその字を見たときにこの穀物は麦の一種だと解釈して「くろむぎ」というヤマト言葉を作ったのではないでしょうか。

それから「蕎麦を救荒作に」という農業政策は日本の元正天皇が最初かと思われるかもしれませんが、そうではないでしょう。

1998年の秋に開催された中日蕎麦学国際フォーラムにおいて、北京大学の賈蕙萱先生が胡銓の詩に「蕎麦が救荒作物」だったことを証明する詩があると紹介されました。

胡銓《夏旱至秋田家種荞麦以補歳事》

千里還経赤地連　老農作苦也堪怜　来牟不復歌豊歳　荞麦犹能救歉年

山色浅深秋潑黛　田毛上下暁披綿　莫遺霜如雪　赤子嗷嗷要解懸

題の《夏旱至秋田家種蕎麦以補歳事》は「夏の旱から秋にいたるまで農家が蕎麦を植えてその年を凌《しの》いだ」という意味です。また詩の「荞麦犹《ゆう》能救歉《けん》年」は「蕎麦は凶作の年をよく救う」という意味です。胡銓は、文学者で政治家でありましたから、「救荒」に視点を当てた詩を創ったのです。その胡銓は1102年～80年の人。一方の元正天皇が救荒を勧めたのは、722年。これだけからですと、救荒作の考え方は日本が早かったのかと思いがちですが、そうではないでしょう。中国において蕎麦は、辺彊民族の地元産物でしかありませんでした。それがやっと漢代になって、中華の人々は蕎麦を認識しました。その認識が蕎麦を救荒作物としての位置においたのだと思われます。

元正天皇の世紀、世界の文明大国は唐です。日本も多くの遣唐使たちが往還しました。かれらは630年から200年以上にわたって、16回も渡唐し、せっせと仏教・儒教や唐の文化を輸入しました。当時の遣唐使船1隻には約140名が乗船できました。それが2～4隻の船団を組んで航行します。筆者が推定するところ、往還した遣唐使の数は6000人以上にのぼるでしょう。当時の日本人の意欲と好奇心はすさまじいものです。どうしてでしょうか？作家の司馬遼太郎は「それは島国だから」と言っています。つまりは海の向こうの文明に対して尊敬にちかい憧れをいだいていたというのです。その憧憬《どうけい》の形として、708年には唐に倣《なら》って初の貨幣和同開珎《わどうかいちん》が発行され、また長安に倣った本格的都平城遷都の詔が発せられました。

また氷高皇女在位中の717年にいたっては多治比縣守《たじひのあがたもり》・大伴山守《おおとものやまもり》・藤原宇合《うまかい》など総勢557人が船4隻で、733年には多治比広成・中臣名代ら594人が4隻で渡唐しました。このような国際交流上、「蕎麦は救荒作物」という考え方も中国から伝来してきたと考える方がしぜんでしょう。そんななかでかれらが苦難の末に持ち帰った字が先述の「蕎麦」または「喬麦」です。こうした時代背景からいっても、わたしたちは意欲をもった優秀な遣唐使たちが命懸けで輸入した「蕎麦」の字を大事にしなければならないと思います。

本論から少し離れますが、717年に皇女に見送られて渡りました遣唐使たちの中にはついに帰還できぬ者たちもいました。その一人が中国では井眞成《せいしんせい》と呼ばれていた留学生です。中国の西安で発見されたかれの墓誌にはこう記してあるそうです。「公姓井字眞成國日本稱天縱故能……」（姓は井、字は眞成。國は日本と号す。生まれつき優秀で国命で……）井眞成は日本名で井上眞成か葛井眞成のことかといわれていますが、754年に病に倒れ、異国の地において36歳で急死しました。それを中国皇帝は不憫《ふびん》に思って丁重に葬ってあげたのだというのです。

もう一人は阿倍仲麻呂です。帰還できなかった仲麻呂はその思いをこんな風に歌っています。

天の原　ふりさけ見れば　春日なる　三笠の山に　いでし月かも
「中国で見る月も、日本で見る月も同じ月なら、やはり故郷の月を眺めたい」と思ったのでしょうか。異国の地で帰らぬ人となった井眞成、望郷の念をいだきつづけた阿倍仲麻呂、これもまた濃厚な日中国交史の一幕です。教科書に載るような正式な唐使、僧侶たちから果ては名もなき市井の人に至るまで、さまざまな唐人たちが日本にやって来ました。そうしたたくさんの唐人たちの知識、知恵、慣習がわが国に浸透していったのはまちがいないでしょう。ちなみに井眞成の墓誌に記されてある「日本」の字は、外国がわが国のことを「日本」と呼んだ最初の記録だといわれています。

以上は余談になるかもしれませんが、様々な人々を示すことによって、現代の宇宙飛行士の帰還のように、命懸けで持ち帰った「蕎麦」の字を大切にしてあげたいと思うところです。

第12章　粉の時代

1 「袈裟《けさ》襷《だすき》文《もん》銅鐸《どうたく》」の臼と竪杵

「粉をひく女性の像」（石灰岩像）・・・、図5はカイロ近郊のギザ墓地から出土したものを抽象化したイラストですが、年代的には紀元前2465〜前2323年（古代エジプト第5王朝）とかなり古いものですから、粉・麺文化に興味を示す者の間では有名な逸品です。また「古代オリエント博物館」（池袋サンシャイン）では、ユーフラテス河東岸のテル・ルメイラ遺跡（シリア）から発掘された「石皿」と「磨り石」と竈が復元展示してあります（図6）。遺跡は今から3800年前のものですが、その地域の人々は麦を粉にして、生地を練り、パンを焼いていたというこれもまた興味深い話です。

これらの例示でも分かりますように、臼の発展に寄与したのは、麦栽培が普及したアジアとヨーロッパの境辺りの人たちです。臼というものは、太古の祖先が二つの石で穀物を潰していたことから始まります。それは公園で遊んでいる現代の幼児にも傾向がみられますが、ある児は石と石を磨り合わ

図5 「粉ひく女の像」を参考
（ほしひかる絵）

せて潰します（a）。また別の児は石の上に穀物を置いてもう一つの石で打ちつけて潰します（b）。そんな行為を基に人間はより効率的な臼を考案し、（a）は挽臼へ、（b）は搗臼と進展していったのです。

　その後、これらの臼は交易路を通って西洋と東洋へと広がっていきましたが、乾燥地帯の西洋「小麦文化圏」では、皮が深く食い込んでいる小麦を擂《す》る挽臼（a）になり、それで粉にして火で焼いて、食しました。一方の高温多湿地帯の東洋「米文化圏」では、皮が食い込んでいない米を搗臼（b）で精米して、それを粒のまま水で煮炊きして、食しました。このように、小さな石の活用法が地球の文明を二分したのです。

　さらに挽臼（a）の方は、先ず石板に傾斜を付けるなど工夫したりして、その上で石塊《いしくれ》を前後運動させて粉にする「鞍《くら》形《がた》石皿（サドルカーン）」になりました。その仲間が冒頭のユーフラテス河東岸のルメイラ村遺跡や古代エジプト第5王朝のギザの墓地の「石皿と磨り石」でしょう。

　この「サドルカーン」は、2枚の円板を重ねて片方を回転運動させた粉にする「回転式挽臼《ひきうす》（ロータリーカーン）」へ、

図6　「石皿と磨り石」古代オリエント博物館より

そして摺動《しゅうどう》運動で粉にする「ロール製粉」へと進化しつつヨーロッパ全土へ普及していくことになります。それにしても、挽臼のあの溝は、いつ、だれが刻んだのでしょうか。製粉の歴史の大発明であるはずなのによく分かっていませんが、おそらくギリシャあたりからでしょう。さらには臼の発展過程におきまして、ヨーロッパ人は人間の労働力、動物の動力、風力、水力、蒸気力の活用を知り、それが産業革命の扉を開くことになるのです。言い換えますと、小麦＝挽臼が、科学技術への道を拓くことになったともいえるのです。

一方、粒の時代から〝水で煮炊き〟していたアジア人は挽臼が伝来して粉にすることができることを知っても、水で煮炊きして食べました。それが麺類などです。では、日本の状況はどうかといいますと、縄文遺跡から多くの「石皿と磨り石」が出土していますから、縄文人は栃の実などを粉にして団子を作り、土器で煮て、食していたことが想像できます。そこへ、稲の伝来とともに「搗臼」が大陸から伝わってきたのです。香川県から出土したという青銅器製の袈裟襷文銅鐸（弥生時代：前2〜前1世紀）に「臼と竪杵《たてぎね》」の絵（図7）があることからも、それが分かります。

青銅器の源流は中国東北部の遼寧《りょうねい》青銅器文化です。それが朝鮮半島経由で先ず九州北部に伝来し、後に九州北部圏では主として武器形青銅器が鋳造され、近畿圏では主として銅鐸が鋳造されるというように違いが出てきました。その銅鐸は紀元前200年から紀元200年の40

0年の間だけ製造され、土中に埋納（埋葬）された謎の祭器です。この銅鐸には、数こそ多くないのですが鹿、人物、魚、鳥、猪などの絵が描かれている物があります。その一つが先述の袈裟襷文銅鐸の「臼と竪杵」というわけです。それにしても銅鐸とはいったい何なのでしょうか。筆者は、「第3章稲の旋律」で触れた古代越人の銅鼓、あるいは日本では山車《だし》や神輿《みこし》のような、共同体の祭器だったのだろうと推定しています。山車や神輿は祭の時以外は、倉に保管される。銅鐸の土中埋納もそれだったにちがいないでしょう。

なお同類である銅鏡は弥生時代から古墳時代まで長期間製造され、果ては日本国の「三種の神器」にまで昇格したのはご承知のとおりです。

さて、臼の話ですが、次の古墳時代になりますと、景《けい》行《こう》天皇の王子の「大碓尊《おおうすのみこと》」「小《お》碓《うすの》尊」という兄弟が登場します。この「小碓尊」というのは日本武尊《やまとたけるのみこと》とされていて、その子が仲哀《ちゅうあい》天皇、孫が応神《おうじん》天皇です。それは列島に前方後円墳が4000基以上も構築された、中国の史書でいう、「倭の五王」より少し前の時代です。この前

図7　「袈裟襷文銅鐸」の臼と竪杵を模して
（ほしひかる絵）

方後円墳4000基とはどのような景観だったのかと想像しますと、現代の交番は全国6000ケ所ありますが、現在、何処でも見られる交番の数にも劣らない4000という数字に古代日本の力強さを感じます。古墳築造の労働力はそのまま日本のクニづくりにつながっていたのでしょう。坂本、家永、井上、大野校注の『日本書紀』には、古代では碓と出産が密接な関係があったと解説してあります。碓はまさに古代国家誕生の暗号といえるのかもしれません。

ところで、挽臼は麦が発展させたといわれるだけあって、米が主役の東アジアには遅れて入ってきたのですが、それでも中国は臼を独自に発展させていきました。その一つが「碓」であり、梃子《てこ》の原理を利用して足で踏んで杵を動かして精米・製粉や餅つきをする足踏み式の臼です。また河川などの水を利用して精米を行う大型の「水碓」もあります。さらには精米製粉のために輪石（ローラー）を回転させてする「碾《てん》」や、水力や畜力《ちくりょく》を用いる「磑」や「碾磑《てんがい》」などを開発していきました。

その「碾磑」は、推古《すいこ》天皇の代の610年、曇徴《どんちょう》によって伝えられたと『日本書紀』にありますが、「碾磑」の稼働については明確ではありません。日本における本格的粉食の到来はだいぶ先のことのようです。

2　石臼の回転

(1) 円爾《えんに》の水磨《すいま》様

大昔の人は蕎麦などの穀物を粒のままで食べていましたが、今のわたしたちは主にそれを製粉した上で、麺にしたり焼いたりして食べています。この大変化は日本の食べ物史から見て、革命的な出来事になります。では、それはいつから、どのようなきっかけで始まったのでしょうか。その答は鎌倉時代にあります。

鎌倉幕府の三代執権《しっけん》北條泰時《やすとき》の代に、南宋へ留学していた僧円爾（1202～80年）が帰国しました。そのとき、かれは諸宗の経典、儒書、易書・医薬書など千巻を船にごっそり積込み持ち帰っていました。その中に『大宋諸山図』（重要文化財）という物があり、巻末には明《めい》州碧山寺《しゅうへきざんじ》の「水磨様」の絵図が描いてありました（図8）。「水磨様」とは水車で動く挽臼のことですが、円爾

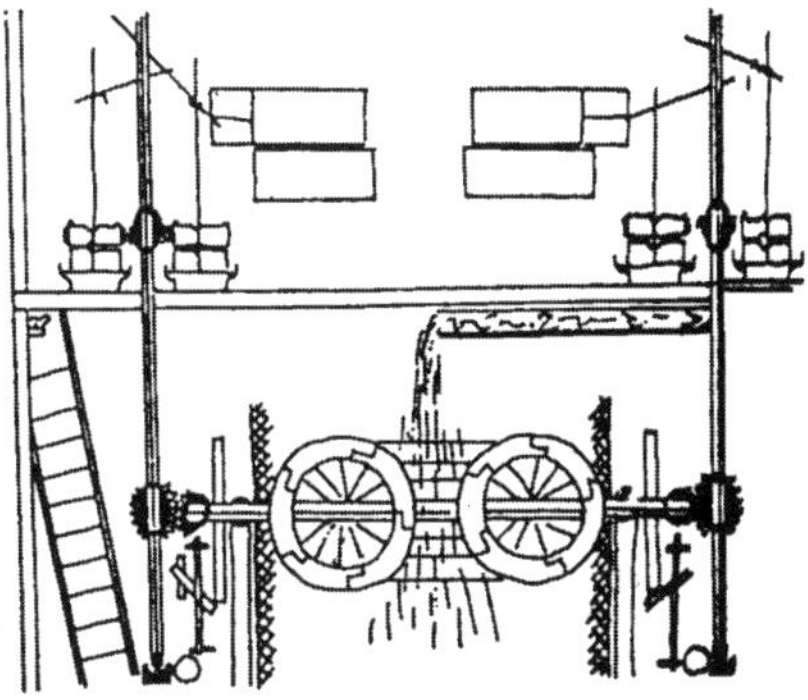

図8　水磨様（東福寺蔵）

が南宋で学んだ禅宗の勤行における軽食である「点心料理」を導入するのに、挽臼は麺類・饅《まん》頭《じゅう》類を作るための製粉の道具としてどうしても必要だったのです。

もちろん、鎌倉時代以前でもわが国の史料や遺物には「碾磑」の存在などが見られますが、ただそれらによる製粉成果は確認できていません。したがいましてその実質的稼働はもう少し時代を待たねばならなかったのです。

そこで、この円爾（後の聖一国師《しょういちこくし》）の「水磨様」の絵図が注目されるわけです。円爾という人は、駿河国安倍郡の藁科《わらしな》川上流左岸の栃沢（静岡市葵区）に生まれ、5歳で久能寺の堯辨《ぎょうべん》の童子となったのを皮切りに、近江園城寺《おんじょうじ》で剃髪し、奈良東大寺において受戒《じゅかい》した僧です。その後は臨済宗《りんざいしゅう》の開祖明庵栄西より印可を受けた上州長楽寺の釈円栄朝や、鎌倉寿福寺《じゅふくじ》の退耕行勇《たいこうぎょうゆう》に臨済宗を学んで、さらには南宋に渡って仏法を極めようと博多へ行きました。かれは栄西が建立した聖福寺で、商人謝国明の貿易船の出航を待ちました。そして1235年についに臨安《りんあん》へ辿り着き、径山萬寿禅寺《きんざんまんじゅぜんじ》の無準師範《ぶじゅんしはん》（臨済宗）に参じて法を継いだのです。こうして円爾は1241年に帰国しました。径山同期生の湛慧《たんね》は大宰府に横獄山崇福寺《おうがくざんそうふくじ》を、栄尊《えいそん》は佐賀に水上山萬寿寺を建立。円爾は謝国明の援助で博多に萬松山承天寺《ばんしょうざんじょうてんじ》を開いて、さらには湛慧の仲介で、前関白の九條道家の知るところとなって上洛しました。

当時の鎌倉幕府は、旧仏教の比叡山勢力に手を焼いていましたので、新仏教の臨済禅宗を軸に対抗していました。九條道家は公家ではありますが、鎌倉4代将軍藤原頼経の実父でもあったので、新仏教への理解は篤《あつ》かったのです。道家は1236年から九条通に東福寺を建立中でしたが、円爾は工事半ばの1243年に開山にと乞われたのです。その東福寺に円爾が持ち帰った「水磨様」が蔵されています。

それを円爾の故郷である静岡市の農業政策課と、静岡特産工業協会が事業費400万円をかけて再現した。それが図9です。この再現模型は5分の1に縮小した檜造りで、大人の背丈×両手を広げたぐらいの大きさになる二階建の水車小屋です。本物の方はこれの5倍の大きさですから立派な製粉工場です。羽根幅約1・8mの水車が水を受けて回ると歯車が動き、一階の搗臼の杵が上下します。同時に柱が回転して二階の挽臼が回って、製粉に付き物の篩《ふるい》も動くようになっています。つまり「搗く」「挽《ひ》く」「篩《ふる》う」の3つの動作が連動的に機能する仕掛けになっています。

ここに鎌倉時代の、いや南宋時代の製粉工場が復元されたのです。「水磨様」制作関係者は設計図通りに

図9　水磨様（作者：すまうと・野木村敦史）
小屋＝高さ 166cm ×幅 176cm ×奥行 136cm、水車＝羽根間口 36cm ×直径 38cm、石臼＝台座部直径 17cm、回転部直径 11cm ×高さ 11cm

作ったら見事に完成したと言っています。これを見た人たちも一様に、「明治ごろまで全国各地に存在していた製粉水車小屋の原型である」ことを認識したと言っています。それを想像しますと図10のような水車小屋だったのではないでしょうか。つまり「水磨様」は設計図であり、この図の通りに製造された製粉工場が昔はたくさん存在していたのです。静岡市の復元チームはそれを証明したわけですので、素晴らしいことだと思います。

なお、円爾は石臼とともに茶を持ち帰って故郷の静岡に植えたので、これが静岡茶の始まりであることは有名な話です。後代の話ですが、俳聖松尾芭蕉は度々静岡を訪れて句を残しています。さらに芭蕉は「石臼ノ頌《しょう》」という文の中で石臼と聖一国師円爾のことを讃えていますから、当時から円爾と石臼と茶の関係は知られていたということでしょう。

馬に寝て　残夢月遠し　茶の煙　（芭蕉41歳）
駿河路や　花橘も　茶の匂ひ　（芭蕉51歳）

図10　水磨様想像図（ほしひかる絵）

（2）沈没船の挽臼

ところで、元国の慶元路《けいげんろ》（明州・寧波《にんぽー》）から博多へ向かった貿易船が、途中の韓国新安郡道徳島《どくとど》の20㎞沖で嵐に遭遇して沈没しました。それは1323年のことと思われます。海底に沈没した船の中にはおびただしい数の陶磁器や銅銭などが積まれていましたが、その中に2個の挽臼があったことが確認されています。

（3）大江御厨《みくりや》の粉挽臼

さらには、東大阪市西ノ辻遺跡の井戸から粉挽臼が出土しました。出土物は全体の1／5の1片の上臼で、赤味の強い花崗岩製でした。復元すれば直径30㎝になるといいます。同時に、完形品の下臼も別に出土しました。これは直径27・5〜28㎝×厚さ9・3㎝×重さ12・5㎏。臼の目は8分画4あるいは5溝。目は幅0・8㎝×深さ0・2㎝、断面はU字形。固いピンク色の「万成石《まんなりいし》」（岡山市産出の花崗岩）であるそうです。東大阪市教育委員会では、この石臼を鎌倉中期（〜南北朝時代）と比定し、これまでの中ではわが国最古の粉挽臼としています。

同遺跡では、他の井戸から上臼の半欠が、配石遺構から下臼の半欠が、また他の井戸から茶臼が出土していて、とくにこの茶臼は東大阪市教育委員会では鎌倉以前に比べてわが国最古の茶臼としています。それは円爾帰国後間もない時期のことです。

西ノ辻遺跡というのは中世の「大江御厨」という朝廷の御厨子所《みずしどころ》・内蔵寮《くらりょう》が管理した宮中に供御の魚類や米を貢進する荘園の内にあります。この荘園は現在の大阪市、大東市、門真市、東大阪市にわたる広範な地域になります。「河内国大江御厨供御人《くごにん》の多様な活動とその消長」（東大阪市文化財協会・別所秀高）によりますと、大江御厨には陰陽師、牛馬解体工、鍛冶鋳物師、石細工、檜物師など多様な職能民が活動していたといいます。

（4）輸入物から国産へ

こうした事例から推察しますと、円爾帰国後あたりは輸入挽臼が主体であったと思われますが、その後の大江御厨では驚くことに石細工が国産の万成石で挽臼を造っていたということがいえるでしょう。

3　揚水水車

以上述べてきたことは、粉挽臼と水車のことですが、もうひとつの揚水水車もこの時代に登場しています。すなわち『伏見天皇宸翰《しんかん》「源氏物語抜書」』（１２９０年代）や『石山寺縁起』（鎌倉時代末）の絵、また『徒然草』（１３３０～５０年頃）の記載がそれです。いずれも京都の大井川の水を田んぼに引く水車であって日本最古の揚水水車になります。この揚水水車がどのような経緯で製造されたかについては、ここでは追究しませんが、揚水水車と製粉水車が揃って回転した鎌倉時代は、農と食に革命を起こした時代だといってもいいすぎではないと思います。

第13章　寺方《てらかた》蕎麦の時代

1　相国寺《しょうこくじ》の栄華

食べ物は食材と道具と料理法があれば、作ることができます。

【食べ物＝食材×道具×料理法】

そのうちの何かが新しいものになれば、新しい食べ物の誕生が可能です。たとえば、これまでに日本にはなかった石臼（挽臼）が鎌倉時代の禅僧によって南宋から伝えられました。そして石臼が持ち込まれたのなら、麺打ち道具や打ち方も中国から伝わったとみるべきです。日本の禅僧が修行に行った南宋には麺類店が在りました。ですから中国の古い資料に「擀麺仗《かんめんじょう》」（麺棒）、「案板《あんばん》」（延し板）、「面刀」（麺庖丁）、「笊籬《いかき》」（掬《すく》い笊）」、「蒸籠《せいろ》」、「簀子《すのこ》」などの道具が出てくるのです。こうした道具の伝来によって、食材が製粉加工され、日本に革命的粉食文化（麺文化）が到来したのです。

その前に序曲として、禅僧栄西の『喫茶養生記』や道元『典座《てんぞ》教訓』『赴粥飯法《ふしゅくはんぽう》』などによって食の新しい考え方が説かれました。とくに道元は、一般的にいわれている鹹、酸、甘、苦の四味に、〝淡（薄味）〟を加えました。この考え方は、後に昆布・鰹節の普及に伴って独創的ともいえる〝旨味〟を生み出す下地となりました。よって道元は「和食の思想家」といわれています。石臼は先述したように円爾がもたらし、それによって日本での粉食の舞台が準備されました。その舞台の精華が麺であることはいうまでもありませんが、麺類氏研究家の伊藤汎先生の調査によりますと、次のように麺の初出が史料で確認できます。

【1340年麦麺（『師守記《もろもり》』）、1347年饂飩《うどん》（『嘉元記』）、1370年ごろ雑麺《ざつめん》・経帯麺《てったいめん》（『禅林小唄』）、1405年冷麦（『教言卿記《のりとききょうき》』）、**1438年蕎麦（『蔭凉軒日録《いんりょうけん》』）**、1450年切麦（『大上臈御名事《おおじょうろうおんなのこと》』）、1468年水滑麺《すいかつめん》（『山科家礼記』）、**1574年蕎麦切《そばぎり》（『定勝寺《じょうしょうじ》文書』）】**と、円爾帰国後の室町時代にこれだけの麺が勢ぞろいしているのです。このなかで最も重要なことは《経帯麺》が伝来していることです。《経帯麺》というのは鹹水《かんすい》で練った帯状の麺ですが、汁はどのようなものであったかが分かりませんので、どんな味の麺だったかも想像できません。ただ注目したいのは《経帯麺》が庖丁で帯のように切った平麺だということです。それまでは伸ばしたり、引っ張ったりして麺にしていましたが、《経帯麺》の影響から《切麦》や《蕎麦（切）》という切麺《きりめん》が生まれたのです。とくに、つながりにくい蕎麦は切麺でしか作れませんから、《経帯麺》の伝来は《蕎麦切》誕生史からいっても重要な出来事だといえます。こうした麺類が寺社においては点心料理として食されていたのでしょう。それは和食が室町時代に完成していった時代性と無関係ではありません。

　室町時代は、お茶やお能などいわゆる「室町文化」という日本初の「都市文化」が誕生した時代ですが、その旗頭《はたがしら》ともいうべき人物が足利三代将軍義満です。そもそも武家政権というのは、それ以前の公家政権に抵抗した下剋上的な革命政権でした。しかし油断をすれば、足利幕府も他の武士たちから下剋上を起こされかねません。そこで義満が考えたのが、自分が好きだった和歌、料理、茶、能楽、狂言など武力以外の教養を田舎武士には真似できないまでの芸術の域に高めることでした。いえば文化による都会と地方の差別です。これが足利氏の権威と結びつき、ひいては日本初の都市文化の誕生となったのです。これによって義満は「室町文化の父」ともよばれていますが、これらが現在の日本文化の基礎であるところから、司馬遼太郎は「わたしどもは、室町の子」だと言っています。

その一方で、鎌倉室町幕府には宗教的政治的課題がありました。旧勢力の筆頭格である比叡山に対し、どうしたらいいかということです。そこで解決法として幕府は力学的に新興の臨済禅宗を軸にしました。もちろん中国でも仏教界の主流は禅でしたが、自己の主体性の自覚に重点をおく禅は武士の本質に適うところがあったのです。

将軍義満は、紛争を続けていた南北の朝廷を統一するために臨済禅の夢窓疎石《むそうそせき》を介在させました。さらに臨済宗禅院を管理統括する僧禄司《そうろくし》を設け、その初代に春屋妙葩《しゅんおくみょうは》を任じて相国寺（1382年創建）住持とし、境内の鹿苑院《ろくおんいん》に住まわせて副僧禄司を鹿苑院内の蔭涼軒主に命じました。筆者が見ますところ、相国寺は、まるで御所を監視するかのように隣接し、かつては見下ろすかのごとく高い（109m）七重塔が建っていました（1399年）。また御所用水は鴨川からわざわざ相国寺開山堂を通って引かれていました。これらはすべて相国寺による御所管理上からであったのかもしれません。

このようにして、臨済禅は権力と結びついてさらに発展普及することになりました。当然、相国寺とくに鹿苑院の蔭凉軒には来客も多く、会席が頻繁に行われていました。つまり、中国式の食習慣である餅麺類が昼食の「斎」、間食の「点心」に供されていたのです。

その証が先述の麺類初出の史料の多くが『鹿苑院日禄』や『蔭凉軒日禄』であることです。ただ、他に『慕帰絵詞《ぼきえことば》』（本願寺）や、山科教言の『教言卿記』、『山科家礼記《らいき》』など臨済禅以外の史料にもみられますが、それはあくまで本願寺や上級公家などのトップクラスに限っていたことを承知しておかなければなりません。とくに前に述べた大江御厨は鎌倉時代は水走《みずはい》氏が執当を相伝していましたが、室町時代には内蔵頭を世襲していた山科家が支配するようになりました。このことから遺跡の粉挽臼を利用して製麺が行われ、それを山科家関係の人たちが食していたであろうことが、先述の『山科家礼記』の記述と結びつくのです。

話を相国寺に戻しますと、１４３８年には「塔頭《たっちゅう》の林光院から蔭凉軒主が蕎麦と松茸を頂いた」という蕎麦研究家にとっては重大な記事があります。また１４５９年ごろの境内には水車小屋が存在し、冷麺は寺内塔頭の雲頂院、饂飩は雲沢軒《うんたくけん》で作っていたとあります。麺類史研究家の伊藤汎は、このあたりからこれまで手で延していた麺は切麺に変化し、また会席に蕎麦と酒が登場してきたと思われると述べています。かつて韓国テレビの蕎麦番組の取材に協力したとき、「アジアでは押出麺（蕎麦）が多いのに、なぜ日本は切麺（蕎麦）なのか」と尋ねられたことがありました。

たしかに、中国や朝鮮では手作りから主として押出器製麺に変化していますが、日本では切麺が独自に発展しました。それはこの室町時代には料理人のことを「庖丁人」と呼ぶくらい、料理は〝切る〟ことを第一としてきたためでしょう。鱠《なます》などの和え物や刺身など切る料理が日本料理の基本といわれますが、その日本の料理の家元は平安初期の四條藤原山蔭《やまかげ》にあるといわれています。この四條家が臣下に庖丁捌きを教え、次第に門下生が育っていって四條流が生まれました。そして室町時代になると、有力守護大名が足利将軍を自邸に招いて接待する「御成《おなり》」が欠かせなくなりましたが、そこでは「庖丁人」と称して将軍の御前で生きた魚を調理させて献じたりしました。当然、守護大名家には専門の庖丁人が雇われました。たとえば、足利将軍家には大草《おおくさ》氏が、細川家や三好家には進士《しんじ》氏が、斯波《しば》家には山内氏が、そして土岐《とき》家に仕えていた多治見貞賢《たじみさだかた》が庖丁の使い

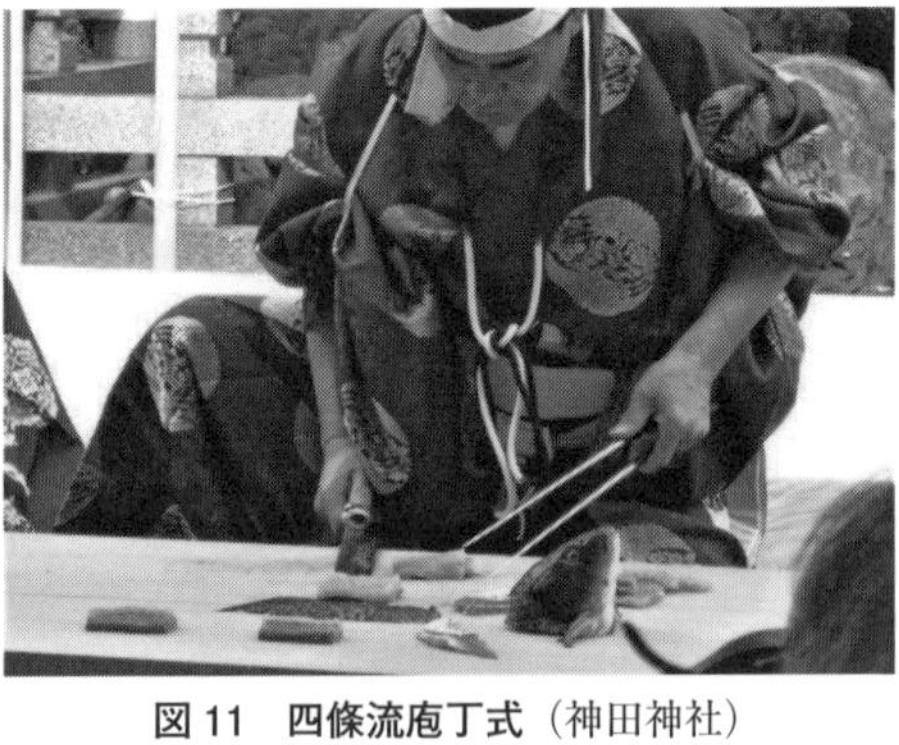

図11　四條流庖丁式（神田神社）

方をまとめました。それが日本初の料理書『四條流庖丁書』です。図11は四條流庖丁式典の様子を伝えているものです。かれら庖丁人たちの活躍によって、次第に料理の品数は増え、料理自体も工夫が凝らされるようになっていきました。ここに日本料理の基礎といわれる本膳料理が成立するのです。こうして武家が盛隆させた四條流・大草流・進士流などの庖丁流、つまり切る料理によって和食が誕生しました。蕎麦切もこの影響から生まれたのです。その時期は「切麦」という字の初見以降の1500年ごろでしょう。逆にいいますと、蕎麦切の初めは室町中期以前には遡《さかのぼ》れないということになります。

こうして誕生した蕎麦切の舞台は寺社であり、全国の有力寺社にもその影響は及んでいました。これらの時代の寺方御膳の蕎麦を後に、【寺方蕎麦】とよぶようになりました。

【渡来石臼・道具×和式切文化＝寺方蕎麦】

2　定勝寺の真実

【寺方蕎麦】時代の中で、《蕎麦切》つまり蕎麦に「切」の字が使われているのは、木曽の定勝寺の文書からです。それによりますと、1574年定勝寺の仏殿修理祝に《蕎麦切》が振舞われたといいます。玄蕎麦《げんそば》は千村《ちむら》淡路守豊知の夫人による寄進で、蕎麦を打ったのは金永という人物です。ちなみに千村氏の先祖は木曽義仲まで遡れる木曽家筋の家柄であり、また定勝寺は木曽氏の菩提寺でした。木曽という所は、現代の目で見ますと、単に美濃国と信濃国の境にある山国と思われるでしょうが、当時は京と東国を結ぶ幹線であり、そのうえに膨大な木材を産する資源国でした。しかしながら重要地域であるのに、弱小領主の木曽氏は常に社会の動向を注視していなければならなかったのです。

ですから木曽は、都合によって美濃国と称したり信濃国と言ったりしていましたが、15代、16代のころから木曽氏は信濃の小笠原氏に従い、16代の義元は明確に「信濃国の木曽」と称するようになりました。そして17代は息子の義昌と甲斐の武田信玄の娘との婚姻を結び、木曽は武田家の分国内となりました。ところが、第18代義昌のときに岳父信玄が病死、続いて将軍足利義昭が京から逃亡しました。風雲急を告げるとはこのことです。木曽氏は新興の織田方に付きました。定勝寺文書の１５７４年の記事はそんな時代背景の中にあったのです。

その古文書の中から「蕎麦切」の文字を発見したのは郷土史研究家の関保男です。しかし関はほどなく他界。それを継いで解説したのが小林計一郎です。そのなかで小林は「この史料を見つけたのは関保男氏である。私は関氏の業績に多少の説明を付記したにすぎない」と結んでいます。それは先発者の尊重と、その文献を利用する者の知識人としての礼儀です。そこには他者を受け入れる人間の度量がみられます。そういう小林ですから「定勝寺では１４２１年に

《索麺》が作られており、他に伊那の文永寺で《冷麺》や《蒸麺》が振舞われている状況を考えると、《蕎麦切》が定勝寺で始まったわけではない。偶然史料に残っただけである」と世間の定勝寺の蕎麦切発祥説に対して自制を促しています。

そこで、関・小林の調査に先述の伊藤の麺初出年表を重ねてみますと、木曽に麺が伝わってきたのがかなり早い時期だったことがわかります。【1340年 麦麺（『師守記』）、1347年 饂飩（『嘉元記』）、1370年ごろ 雑麺・**経帯麺**（『禅林小唄』）、1405年 冷麦（『教言卿記』）、1421年 索麺（『定勝寺年貢納下帳』）、1438年 **蕎麦**（『蔭涼軒日禄』）、1440年 **蕎麦甑子**《こしき》（『定勝寺常住物《じょうじゅうもつ》』）、1450年 切麦（『大上臈御名事』）、1468年 水滑麺（『山科家礼記』）、1574年 **蕎麦切**（『**定勝寺文書**』）】（伊藤汎・関保男・小林計一郎）木曽の定勝寺では、相国寺が全盛期のころすでに麺作りがされていたのです。さらに、ここからは大変重要なことが浮かび上がってきます。それは《蕎麦》の始まりがいつからかという問いです。

一般には「1574年の定勝寺文書」をもって始まりといっていますが、伊藤は定勝寺文書発見前から1438年の『蔭涼軒日禄』のころが最初だと唱えていました。それが関の「1440年蕎麦甑子」が年表に加わったことによって、伊藤説が光ってきたのです。つまり1440年ごろの定勝寺に蕎麦甑子が在るのなら、蕎麦麺発祥はそこまで遡れるということになり、ひいては蔭涼軒の「蕎麦」からということになるわけです。これは蕎麦史を塗り替えるような史実です。

そういう視点で、もう一度定勝寺境内を見渡しますと、「須原ばねそ」発祥の石碑が建てられているのが目に入ります。「ばねそ」というのは「跳ね踊る衆」という意味で、須原宿地区に伝わっている盆踊り唄です。始まりは1387〜88年ごろ、木曽義仲追悼のために定勝寺を普請したときに集まった番匠《ばんしょう》たちがひそかに歌ったのが伝承されたのだといいます。番匠とは簡単にいえば大工のことであり、木の国木曽には番匠たちが多く存在し、都の宮殿や寺社の普請《ふしん》を請け負っていたのです。注目したいのは、この踊りの原型が京に見られるというのです。だとしますと、番匠が伝えた京の踊りとともに京の蔭凉軒の甑子と蕎麦が木曽の定勝寺に伝わったということではないでしょうか。

そこでなぜ伝わったのか？ということを考えてみます。そもそも定勝寺というのは1387〜89年ごろに木曽親豊が初屋和尚を開山として建立したものです。当初は建仁寺、南禅寺、東福寺など臨済禅の五山派との交流があったようですが、後の16世紀末〜17世紀初めごろには妙心寺との関係が深まったといいます。この変化の背景は、室町末期の戦国の世になって足利将軍の権威が弱体化、つれて京都五山派の勢力も衰えていったためです。ですが直接的には妙心寺の開山が信濃出身の関山慧玄《かんざんえげん》であったことが大きかったのかもしれません。そして同じ臨済宗でも五山派は主流派であり〝官〟でありましたが、妙心寺派は反主流派であり〝野〟であったのです。つまり〝野〟の妙心寺派は食文化流布について自由だったと思われます。
それに文化の流れということでは、「伝来即庶民への浸透」と考えるのは早計です。たとえば仏教においては、先ずは舶来の上級学問として伝来し、次に一般的な信仰宗教へと一段階変化しなければ庶民へは普及しません。同様に、足利幕府弱体化に伴う宗教界の潮流変化は、結果的に京中心の【寺方蕎麦】を、より地方へ、より民へと広げることになったのです。それが家庭化・土着化したものが現在の【郷土蕎麦】の下地になりました。

【寺方蕎麦】→【家庭蕎麦】→【郷土蕎麦】

話は変わりますが、これまで蕎麦ゆかりの寺院として博多の承天寺、京の相国寺、木曾の定勝寺のことをご紹介してきましたが、他にも興味深い寺院は多く在ります。そのなかの一つが甲州の天目山栖雲寺《てんもくさんせいうんじ》です。この寺は尾張藩士天野信景《さだかげ》が雑識集『塩尻』で「蕎麦切は甲州よりはじまる…」と記したことから、蕎麦切発祥の寺としても知られています。1348年に開山した業海本浄《ごっかいほんじょう》和尚は中国元《げん》の時代に天目山（浙江省杭州）の禅宗幻住《げんじゅう》派中峰明本《ちゅうぼうみんぽん》の下で修行して帰国しました。杭州は南宋の時代から麺屋などの飲食店が営まれていた都です。そして杭州（臨安）は鎌倉時代の円爾のゆかりの地です。この伝承に注目したいのは、甲州という地が、京から始まった日本蕎麦史の旅の次の江戸へ向かう行程にあるということです。

3　謎の常明寺《じょうみょうじ》

いよいよ江戸入りです。蕎麦界では江戸における蕎麦切初見の寺として常明寺がたいへん有名です。それなのに常明寺が所在していた跡地は未だ分かっていません。ですから「幻の…」とか、「謎の…」とかの冠を付けて呼ばれています。常明寺が出てくる初見資料というのは、『慈性日記』という江戸初期の京の僧侶が書き残した日記です。記事は下記のようなメモ程度ですので、想像力を要します。

慶長19年（1614年）2月3日
「常明寺へ、薬樹・東光にもマチノ風呂へ入らんとの事にて行候へ共、人多く候てもとり候、ソハキリ振舞被申候也、」

訳すると、こうなるでしょう。友人の東光院が「江戸の町にも風呂屋ができたから行ってみよう」と誘ってくれたので、自分（慈性）と薬樹院と東光院の3人で出かけたが、大変混んでいたので、戻って常明寺で蕎麦切をご馳走になった。

なお、「ソハキリ」というのは「蕎麦切」のことです。江戸時代は、現代とちがって漢字、ひらがな、カタカナの使い分けはしていません。また濁点・半濁点もありませんでした。ですから「ソハキリ」と書いて「蕎麦切」と言っていました。それが明治になってから、文字は「漢字」と「仮名」に整理され、日本語の文章は段々、名詞は主として漢字で、動詞などは漢字とひらがなで書くようになりました。また、話言葉も東京の山の手言葉を「標準語」とし、他の言葉を「方言」とするように決まりました。

（1）慈性《じしょう》（1593～1663）とは？

日記の背景をもう少し見てみましょう。書き手の慈性は、天台宗門跡寺院青蓮院の院家《いんげ》尊勝院（京市東山区粟田口）第22代住持《じゅうじ》です。祖父は日野輝資、父は日野資勝、母は烏丸光宣の娘という血筋のいい家系です。１６１４年、かれは江戸城で天台論議が行われるというので、その聴聞のため江戸にやって来ました。そのときかれは若干21歳です。日記は江戸に来たときから始まっています。

この慈性のことを蕎麦業界では、よく「多賀神社の社僧」と紹介していますが、これは間違っていませんが、正しくはありません。といいますのは、多賀神社は兼務ということで、あくまで本職は尊勝院の住持です。多賀神社の方は、若い慈性のためにと、祖父の輝資が家康に頼みこんで見つけてきた副業先です。そもそも江戸行きも祖父の可愛い孫指導の一環のようです。

こういうところからも日野家や慈性の様子が何となく想像できます。江戸に来た慈性は、幕閣や宗教界の大物たちとよく面会していています。もっぱら人脈作りに励んだ感がありますが、それも祖父の指導でしょう。

たとえば、目的の江戸城はいうまでもありませんが、「怪僧」と呼ばれた天台宗無量寿寺（川越）の天海や友人の詮長《せんちょう》とは幾度となく行動を共にし、また上野国厩橋《うまやはし》の藩主酒井忠世（上屋敷:大手外堀端）、家康側近の本多正信、武蔵国鳩ヶ谷の藩主阿部正次、伊勢国津の藩主藤堂高虎（向柳原町）、長門国長府の藩主毛利秀元（麻布日ケ窪）ら幕閣、他に知足院《ちそく》（湯島）、湯島天神（湯島）、伝通院（小石川）、天台宗浅草寺（浅草）、増上寺（芝）などをせっせと訪ね歩いています。常明寺は、こうした慈性の行動範囲内にあったと思われます。ただし日記には常明寺は1回しか登場していませんので、慈性にとってそんなに重要な寺ではなかったのかもしれません。したがいまして、常明寺は江戸の東光院の案内だったのだろうと思われます。

(2) 薬樹・東光とは？

これは近江国坂本の薬樹院（大津市坂本）久運と、江戸の東光院（現:台東区西浅草）詮長のことです。東光院の略史によりますと、同院は慶長年間（1596~1615年）に、常盤橋御門の北から小伝馬町へ移転したとありますが、慈性が江戸に来た1614年はどちらに在ったかはわかりません。ただ当時の詮長の活躍からしますと、幕府の指示にしたがってすでに小伝馬町に移転していた可能性は高いでしょう。その東光院に慈性は宿泊したことがあります。この慈性、詮長、久運の三名は同じ天台宗の仲間であるところがポイントです。なぜなら、天台僧が3人揃って訪れた常明寺もまた天台宗であった可能性が濃厚ということになるわけです。なお、尊勝院は京都市東山、薬樹院は大津市坂本の昔の地に今も在ります。

（3）江戸の風呂とは？

風呂の記事は、常明寺の謎解きのための重要な情報になります。ただし関西では風呂屋、江戸では湯屋ということが多いようですが、京の慈性は風呂と記したのでしょう。その風呂屋（湯屋）が江戸にできたのは1591年です。伊勢与市が銭瓶橋《ぜにがめばし》（大手町2－6：常盤橋と呉服橋の間）の傍で開いた蒸風呂屋だったと伝えられています。慈性が江戸に来た1614年ごろ、江戸は新都作りに活気が満ちていました。風呂屋（湯屋）も街々にできて、湯女まで現れ始めたころです。

元々、風呂というのは寺社から始まりました。それがお金を払って入るようになったのが、町の風呂屋です。だから3人の僧侶にとって風呂自体は珍しくないはずです。それをわざわざ行こうというのですから、面白味がなければ行きません。「江戸も、馬鹿にしたもんじゃない。今度、湯女がいる風呂屋があるから」とか何とか言って、江戸人の詮長が誘ったのかもしれません。現に慈性は有馬に行ったとき湯女を呼んだりしていますから的外れではないでしょう。それに「混んでいた」といいますから、そこからも江戸の賑わいが想像できるというものです。がっかりした若い3人は、風呂に入るとき脱いだ衣を包む布を持参していましたが、それを使うこともなく、ブラブラと戻ったということになります。ちなみに「風呂敷」は風呂に入るときに脱いだ衣服を包むところからそう呼ぶようになったことはよく知られています。

とにかく、そんなことを想像していますと、風呂屋と常明寺は近くて、しかも風呂屋の賑わいから、江戸の中央だったということが考えられます。

(4) 慶長19年(1614年)という年は?

慈性らが蕎麦切を食した慶長19年(1614年)は大坂冬の陣が起きた年として有名ですが、徳川幕府を盤石とするために家康公を〝神〟とする布石が着々行われていた年でもありました。家康はその任を天海(1536~1643年)に託しました。この「東叡山」というのは、「東の比叡山」という意味です。ですから、これを冠することが認められたということは、実質上天台宗の総元締めの許しを得たことに通じるのです。

このようにして、家康から信任された天海は徳川家が盤石になるための手を着実に打っていきます（表1）。その裏には、かつての京の臨済禅宗のように今度は江戸で天台宗を軸にしようという、天海描くところの構想があったのかもしれません。とにかく、78歳天海の人生最後の大仕事でありました。

（5）常明寺神田説

さて、一番の謎は「常明寺は何処か？」

表1　徳川家康から信任された天海の生涯歴（ほしひかる作成）

天正9年（1591年）	伊勢与市、銭瓶橋で風呂屋を開業
慶長10年	秀忠、徳川二代将軍に
慶長16年7月	天海、川越の星野山無量寿寺喜多院の住持となる
慶長18年正月	天海、駿府に滞在し家康に天台論議を催す
慶長18年8月	喜多院を「東叡山」と称する
慶長18年10月	天海、日光山の別当に補せらる
慶長19年正月	天海、江戸城に登る
慶長19年2月3日（1614年）	慈性・詮長・久運ら常明寺にて蕎麦切を食す
慶長19年5月	天海、家康に天台血脈を相承す
慶長19年11月	大坂冬の陣
慶長20年（元和元年・1615年）正月	天海、家康に山王一実神道を授く
慶長20年（1615年5月）	大坂夏の陣、豊臣氏滅ぶ
元和2年4月	家康、死後の祭祀を天海に遺言す
元和2年4月17日	家康、薨ずる

ということにあります。『日記』を見直しますと、慈性は小伝馬町の東光院や法性寺などを度々宿としています。

ですので、東光院や法性寺を手がかりにして、多くの古地図を探しますがなかなか幻の常明寺は見当たりません。それも当然でしょう。これまでも研究者が挑んできたことです。ただ、『豊島郡江戸庄』という寛永九年（1632年）の古地図に「法性寺《ほうしょうじ》」らしき寺がありました（図12）。神田川の東岸一帯に寺町がありますが、具体的な寺名の記載はありません。それに対して神田川の西岸つまり江戸城側には新石町、須田町、連雀町《れんじゃくちょう》の町名が記され、その南北に寺院が集まっています。北方の昌平橋《しょうへいばし》・昌平坂の左側には「西福寺」、「西念寺」、「寺」「寺」「寺

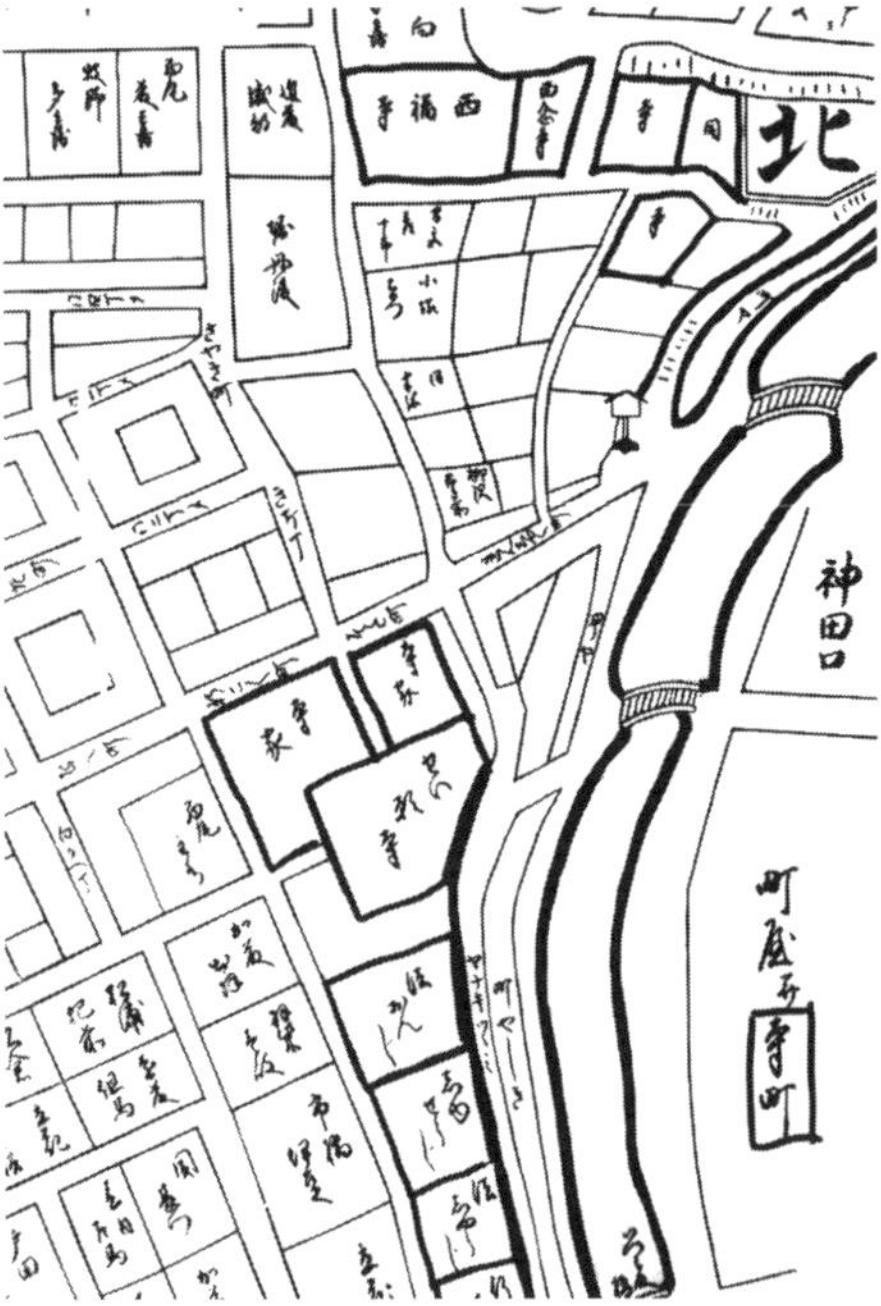

図12　寛永9年（1632年）の古地図
『豊島郡江戸庄』に「法性寺（ほうしょうじ）」らしき寺がある

」と五ケ寺が並ぶようにして在ります。また南側の神田川筋違橋《すじかいばし》から万世橋の間には「寺家」、「寺家」、「せい願寺」、「法おん寺」「し○しょう寺」、「法しょう寺」などが並んでいます。慈性は、新石町で借屋したり、法性寺では幾度も宿を借りたり風呂に入ったことや饂飩を食べたことを記録しています。それに北の西福寺は父の資勝がご馳走になったことのある寺です。西福寺というのは家康が三河から連れてきた寺院です。これだけでも胸が高鳴ってきます。さらに誓願寺《せいがんじ》というのは、元々は小田原ですが、江戸では神田白銀町《しろがねちょう》に、慈性のころはこの地図にあるように神田須田町に在るときでした。後に誓願寺は浅草へ移転しましたが、その後は土井能登守の下屋敷となり、鎮守として祀られた延壽《えんじゅ》稲荷神社が今もその跡地に建っていますので、当地が昔の誓願寺だということがいえます。

なお、この誓願寺は江戸中期以降に蕎麦喰地蔵尊の伝説を生んだ寺として蕎麦界では有名なお寺です。

さて、ここで重要な手掛かりとして、地図の神田佐柄木町の堀丹後守の屋敷に注目したいと思います。実は、この丹後守の屋敷の前、つまり雉《きじ》町辺りは略して「丹前」とよばれていて、湯女風呂屋街だったといわれています。その賑わいは『江戸名所図屏風』「湯女風呂」に描かれています。

少し後に、ここの勝山という湯女が衣装（丹前）や髷《まげ》（勝山髷）などを独自に工夫して人気を博したため、１６５３年に吉原新町の山本芳順に抱えられて吉原太夫に大出世した遊女がいたことは有名な話です。ただし勝山が丹前の湯女であったころは１６５０年ごろと推定されますので、１６１４年に慈性ら３名が風呂屋に行ったころはまだ勝山の時代ではありません。しかし辺りに湯女風呂があったことはまちがいないでしょう。

そうしますと、慈性・詮長・久運の三名は神田雉町の風呂屋から空しくぶらぶら歩いて近くの常明寺へやって来て、おやつ代わりに蕎麦切を馳走になったということになります。

では、その常明寺はどこかといいますと、この古地図で寺名の記載がないのは、北側の三軒の「寺」と、「誓願寺」に隣接する二軒の「寺家」です。「寺家」は誓願寺関係の寺かと思われ、また誓願寺は浄土宗です。ですから、天台宗と思われる常明寺としては外れます。残りますのは北側の三寺のうちのいずれかということが考えられます。

そうだとしますと、慈性らは雉町から丹後守の下屋敷脇、西福寺、西念寺を通って現代の井上眼科病院辺りにあった常明寺に立ち寄ったものと想われます。

以上がわたしの「常明寺神田説」ですが、辺りは江戸蕎麦の「かんだやぶそば」や「まつや」などの老舗が健在であることも何かご縁を感じるところです。

（6）当時の蕎麦切は？

わたしたち江戸ソバリエにとって、最も重要なことは、かれらが食べた蕎麦切がどんなものだったのかと、いう問題です。これにつきましては、慶長19年（１６１４年）２月３日の記録だけではわかりようがありません。ただ慈性は12年後に自邸の数奇屋で茶会を設けています。「東條安長殿・花房正栄殿・内藤采女、尊勝院数奇にて茶申入候、後段《ごだん》ソハキリ（蕎麦切）、夜入五つ時分御かへり候也。懸物《かかりもの》は宗熙《そうき》春甫《しゅんぽ》花生・占唐《せんとう》・茶碗・聖蹟何も借用物」。記事中の安長（?～１６３７年）と正栄は義叔父に当たり、蕎麦切は〝後段〟で振舞われています。後段とは平野雅章訳の『料理物語』では「近世、もてなしをするとき、食後に出す飲食物」と解説しています。このように慈性は義叔父らの客の自邸での接待の折、最後に蕎麦切を振舞っています。しかし、常明寺の場合は、風呂屋が混雑していたことから突然訪れています。ですから、昼食の「斎《とき》」か、間食の「点心」としての振舞いだったのでしょう。

追記　江戸ソバリエ協会では、江戸蕎麦切の初見から４００年目に当たる２０１４年２月に、『慈性日記』を校訂された林観照先生（前大正大学専任講師）と、ゆかりの東光院32世木村周誠先生（大正大学専任講師）をお招きし、「常明寺蕎麦切について」をテーマとした第４回江戸ソバリエ・ルシック・セミナーを開催しました。

4　寺方蕎麦を味わう

(1) 後段の時代

古の寺社で、麺または蕎麦を食べている絵があります。それが、

①『慕帰絵詞』（1351年刊、藤原隆昌・隆章画）

②『絵本浅紫《あさむらさき》』（1769年刊、北尾重政画）

③『深大寺蕎麦』（1815～16年ごろ取材、長谷川雪旦《せったん》画）、です。

①は、本願寺三世覚如の伝記です。日本で麺を食している絵としては最古です。これを見ますと、厨房で庖丁人や坊主たちが素麺振舞いの支度をしています。つまり大笊《おおざる》に盛ってある素麺を木椀に小分けしています。汁も用意されています。他の料理も準備中です。魚を庖丁で切っているし、炭火で焼き物をしています。隣室では僧侶が3名と公家が4名、料理を待っていま

図13　『慕帰絵詞』（『続日本の絵巻』中央公論社）

す。小姓らしき者も1名控えています（図13）。

②ですが、一般では浅草称往院の塔頭の道光庵とされています。道光庵の庵主は檀家の人たちにおいしい蕎麦を振舞ってくれるお寺さんとして、江戸中に知れ渡っていました。絵では、寺小姓2人が世話をしています。羽織を着た町人2名は客ですが、寺侍は客でしょうか。それとも寺の者として町人を接待しているのでしょうか。いずれにしましても寺小姓がいるのは格の高い寺院であって庵クラスにいるはずがないという指摘があります。つまりここは道光庵ではないというのです。したがいましてここでは絵だけを注視してみます。そうしますと、明らかに木椀に入っている蕎麦と、料理がみられます。ここが重要です（図14）。

③は、『江戸名所図絵』の中の一つで、深大寺77世住職覚深《かくしん》が『江戸名所図会』の企画執筆者である斎藤幸隆と絵師の長谷川雪旦を接待しているところと思われます。場所は深大寺の接待茶屋、秋景色からいって秋の《新蕎麦》でしょう。大笊に盛られた蕎麦と木椀に盛られた蕎麦と料理が振舞われています。寺小姓が世話し、小坊主が手伝っています。人物の

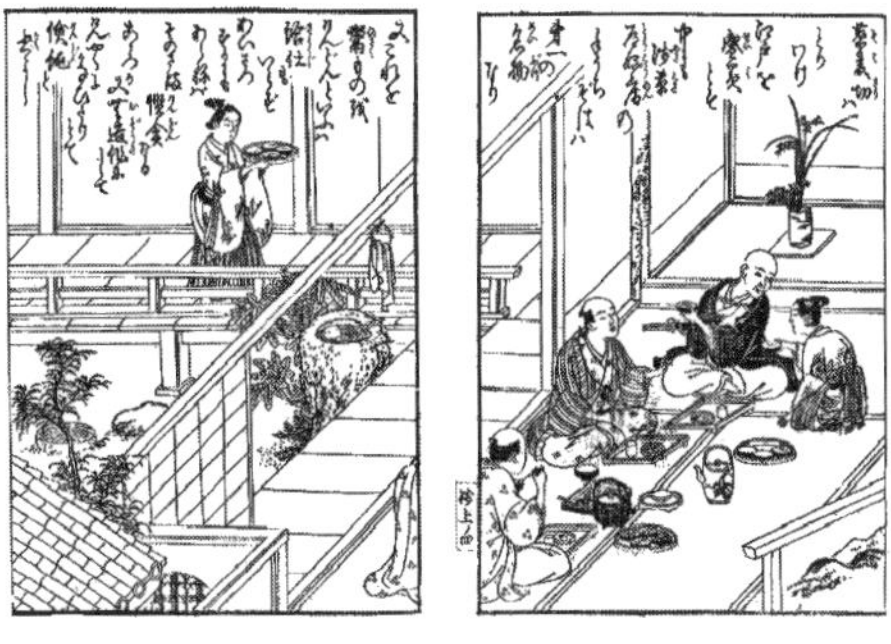

図 14　道光庵（重政）『絵本浅紫』

特定は筆者の想定です。ただし深大寺境内にあったという接待茶屋の場所につきましての仮説はありますが、ここでは触れていません（図15）。

図13の麺は素麺、また図14と図15は蕎麦ですが、寺社で麺類を食べている図13、図14および図15の3枚の絵には共通したところが見られます。

（1）①と③の絵では大笊に盛られていますから、いずれも温かい麺ではないでしょう。

（2）3点の絵ともに木椀に小分けして食べています。とくに図13は麺汁が描いてあるのが貴重です。

（3）それから、3点の絵ともに他に料理が出ています。

これから推理すれば、料理を楽しみ最後に麺類を食べるというのが寺方の流儀であることが推定されます。禅寺の場合、それは《斎》や《点心》であったのですが、蕎麦が寺社全般に広まったりして一般的になってから、いわゆる《後段》と呼ばれるようになったと思われます。《後段》については、江戸時代に刊行された『料理物語』では、持て成しをするときに食後に出す飲食物だと説明し、具体的には「うどん、けいらん（もち米とうる米と黒砂糖で作る）、切

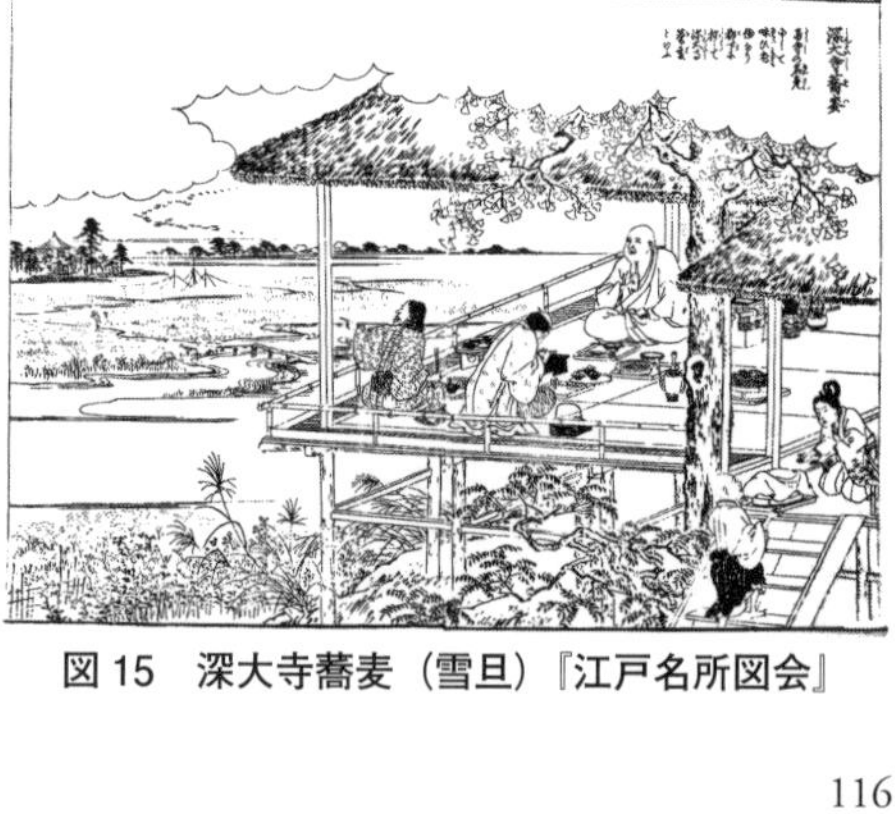

図15　深大寺蕎麦（雪旦）『江戸名所図会』

麦、葛《くず》素麺、薯蕷《しょうよ》麺、水繊《すいせん》、水飩《すいとん》、金団《きんとん》、蕎麦切、麦切、入麺、すすりだんご、雑煮」を掲げています。伊藤汎・笠井俊彌の調べによりますと、《後段》の初見は１５０６年興福寺の記録であり、ちょうど京の蕎麦が地方の定勝寺などに伝わったあたりから、《斎》や《点心》から《後段》として食べられるようになったことがうかがえます。そして１６９４年桂昌院《けいしょういん》は護持院で接待されたときに振舞われた提重《さげじゅう》杉重《すぎじゅう》は持ち帰ることにし、《後段》の蕎麦だけを食べた、というのが最後だといいます。それからしますと、16世紀初から17世紀末までが《後段》の時代ということがいえるでしょう。念のために、関係の記事を次に列記しておきます。

１３４０年　中原師守『師守記』に「素麺」の初見
１３４７年　法隆寺の記録『嘉元《かげん》記』に「饂飩」の初見
１３５１年　覚如《かくにょ》邸にて素麺振舞い（『慕帰絵詞』）
１４０５年　山科教言の『教言卿記』に「冷麺」の初見
１４２１年　定勝寺にて索麺の記録
１４３８年　相国寺の『蔭凉軒日録』に「蕎麦」初見
１４５０年　御所の『大上臈御名事』に「切麦」初見
１５０６年　興福寺の「後段」文字 初見

1574年　定勝寺の文書に「蕎麦切」初見
1614年　慈性ら常明寺にて蕎麦を食すと『慈性日記』に記録
1626年　尊勝院にて後段に蕎麦を振舞うと『慈性日記』に記録
1689年　芭蕉ら須賀川「可伸庵」、羽黒山本坊にて蕎麦切を振舞われると『奥のほそ道』に記録
1694年　桂昌院　護持院にて後段の蕎麦を食す
1769年　道光庵にて蕎麦切を楽しむ（『絵本浅紫』）
1815年〜16年　深大寺接待茶屋にて蕎麦切を楽しむ（『江戸名所図会』）

（2）寺方蕎麦を味わう

では、《寺方蕎麦》とはどういうものでしょうか。それを探るのに、江戸初期に貴重な史料があります。

①堀杏庵『中山日録《ちゅうざん》』（1636年）
②作者不詳『料理物語』（1643年）
③人見必大《ひつだい》『本朝食鑑《しょっかん》』（1697年）

①の作者堀杏庵は尾張徳川藩の医師です。同史料には、尾張藩一行が中山道の木曽贄川《にえかわ》宿で蕎麦を食べたことが記録されています。すなわち「冷淘《れいとう》」とあり、また藩の連中のなかには「数十椀」も食べる者もいたと具体的です。それからしますと、1630年代では、冷麦のように水で濯《ゆす》ぎ洗った、涼味の蕎麦切を小椀に小分けして何杯も食べたことが分かります。

②は作者不詳ですが、「武州狭山にてこれを書く」と記してありますが、内容からして料理に通じた関西の人物だろうといわれています。その人が中山道を通って江戸へ出て来る途中の狭山辺りで、志が果たせぬような状況に陥り、急ぎ集大成的な執筆（聞き書き）に取り組んだ。その思いが「わが国初の料理書の誕生」となったのではないかとされています。《蕎麦切》については、はっきりと「後段の部」で紹介している点が重要です。これによって、室町時代ないし江戸初期の《寺方蕎麦》は料理の最後（後段）に供されていたことが分かります。

③の『本朝食鑑』は、医師の人見必大による食物事典です。わたしたちが欲しい蕎麦切・蕎麦汁・薬味についての記述も明解です。

そこで、筆者らは『本朝食鑑』を基として江戸初期の寺方の蕎麦切と汁を再現してみることにしました。最初に筆者が『本朝食鑑』（島田勇雄訳注）を解釈し、それをもとに蕎麦店を営む板垣一寿が再現しました。

先ず『本朝食鑑』には次のように記載されています。

・実を、杵でついて殻を取り去り、
・磨いて粉にする。
・さらに羅《ふるい》にかけて極めて細かい粉末にし、
・熱湯あるいは水で煉り合わせ、
・粘堅な平たい丸い餅の形にまとめてから、
・麺棒で頻りにこねるが、この麺棒には別の粉を撒いて、餅が粘りつかぬようにする。麺棒に巻き手荒く押し固めながら極く薄く押し延ばしたら、
・パッとひろげ、これを3～4重に畳んで、
・端より細く切って細筋条《すじ》にし、
・沸湯《ふっとう》に投じて煮る。随意に見計らって取り出し、冷水か温湯《ぬるまゆ》で洗う。これを蕎麦切という。
・食べる時は、すすぎ洗い、水を切ってから、汁を用いる。
・汁は垂れ味噌一升と好い酒五合をかきまぜ、鰹節のかけら40～50銭《せん》（重さの単位）を加え、半時あまり煮る。ぬる火では宜しくなく、とろ火で煮るのが宜しい。
・よく煮たら塩・溜醤油で調和し、それから再び温める必要がある。
・別に蘿蔔《だいこん》汁・花鰹・山葵《わさび》・橘皮《みかんのかわ》・蕃椒《とうがらし》・紫苔《のり》・焼味噌・梅干などを用意して、蕎麦切および汁に和えて食べる。大根汁は辛いのが一番よい。

これをもう少し整理してみます。

(ⅰ) 粉にする。

殻は杵で搗いて取り、その後に挽臼で挽いて粉にします。

(ⅱ) 練る。

篩にかけて極めて細かい粉末にしていますが、その細かさは不明です。

加水につきましては、加水率などというような科学的な尺度はまだありませんから、経験で「このくらい」の量でやっていたのでしょうが、「熱湯あるいは水で」と、熱湯を先に述べているところからすると、普段は湯練り、生一本だったのでしょう。

(ⅲ) 延す。

「丸い餅の形に」とありますから、後年の四角に延すやり方ではありません。したがって麺棒はまだ一本だったでしょう。打つときの姿勢も多くの絵画資料を参考にして想像しますと、江戸では座して打っていたのでしょう。そして薄く押し延ばしていますが、その「薄さ」は不明です。

(ⅳ) 切る。

これを3～4重に畳んで、端より細く切って細筋条にします。生地が丸形なら、いわゆる江戸式の「うどん一尺、蕎麦八寸」の長さではまだなかったのでしょう。ただし畳んで切っているということは、何らかの方法で食べやすい長さに切っていた可能性もあります。

（v）茹でる。

「随意に見計らって取り出し、冷水か温湯で洗う」と、冷水を先に書いていますから一般的には冷水で洗ったのでしょう。「食べるときはすすぎ洗い、水を切って」から食べる。これは今と同じですが、水切りということが、このころからすでに意識されていたようです。

（vi）汁

汁は、「垂れ味噌1升と好い酒5合をかきまぜ、鰹節のかけら40〜50銭を加え、半時あまりとろ火で煮る」。1銭＝1匁＝3・75gです。味が足りなかったら、塩、溜醤油で調和していたようです。

・東京農業大学の小泉武夫によりますと、現在のような味噌は平安時代からあって、鎌倉武士たちは味噌汁を麦飯にかけて食べていたといいますから、日本では味噌の汁という物はすでにこのころから口にしていたようです。そこから下記のように『料理物語』にある麺汁の作り方も生まれたものと思われます。

・「垂れ味噌　味噌1升に水3升5合を入れて煎じ、3升ほどになったら袋に入れ垂らす」。

・「生垂れ　味噌1升に水3升入れて、もみたて、袋に入れて垂らす」。

・「煮貫　生垂れに鰹を入れ、煎じ、こしたものである」。

これが江戸初期の麺汁ですが、蕎麦汁にした場合、今のように「出汁」と「返し」を合わせる方法がまだ確立していないところが、江戸初期の特色です。

(vii)　薬味

「蘿蔔汁 花鰹 山葵 橘皮 蕃椒 紫苔 焼味噌 梅干等物 和蕎切及汁而食」、つまり「蕎切《そばぎり》及び汁に大根の汁（蘿蔔汁）、花鰹、山葵、蜜柑の皮（橘皮）、唐辛子（蕃椒）、海苔（紫苔）、焼味噌、梅干等を和えて食べる」とあります。「出汁」がまだない寺方蕎麦の時代は、これらの薬味の役割が大きかったことがうかがえます。

以上『中山日録』、『料理物語』、『本朝食鑑』から江戸初期の《蕎麦切》をまとめてみます。

蕎麦切は十割、蕎麦汁は生垂れ・垂れ味噌、薬味は大根、花鰹、山葵、蜜柑の皮、唐辛子、海苔、焼味噌、梅干など多種だった、ということになります。

別のいい方をすれば、「麺と汁と薬味は一体」―これが江戸初期の人の知恵であるともいえます。また、ここで絶対見逃してはならないことは、『本朝食鑑』には〝和えて〟食べると記載されていることです。つまり、今のように〝付けて〟食べるのではなく、和えて食べていたのです。江戸初期の蕎麦切、汁、薬味のそのものも大事ですが、この和えて食べることが当時の麺の食べ方の第一の特徴です。

そういう目で見れば、確かに京の鹿苑院における齋膳《ときぜん》（１６３７年）の蕎麦も和えて食べていおます（『鹿苑院日録』）。北尾重政の「道光庵」や、長谷川雪旦の『深大寺蕎麦』の絵も、蕎麦を小椀に分け、和えて食べています。それからすると、かの木椀によそう岩手の《わんこそば》や出雲の多種の薬味を使う《出雲そば》も和えて食べる蕎麦ですから、そのルーツは《寺方蕎麦》にあるとみていいのでしょう。

追記　江戸ソバリエ協会では、《寺方蕎麦》を再現した板垣一寿を講師に招いて、第5回江戸ソバリエルシック・セミナー「寺方蕎麦を味わう会」を江戸ソバリエの店「小倉庵」（大塚）で実施しました（平成26年3月）。また、これを日本食生活学会第50回記念大会でも発表しました（平成27（2015）年5月30日）。

平成26（2014）年の「味わう会」に参加した人の、生垂れ汁の感想は次の通りでした。

・生垂れ汁は、もっと味噌臭いかと思いましたが、醤油の原型のような味で驚きました。
・現在の蕎麦つゆより、再現した生垂れ汁の方が、蕎麦として引き立つことを知りました。
・多種の薬味を味わうことが楽しく、ひいては料理を楽しく味わうことができると思いました。
・それ故に、現在わたしたちが食べている「江戸蕎麦切の特徴はつゆだ」とあらためて痛感しました。

第14章　江戸蕎麦の時代

1　腰のある江戸蕎麦（麺）の誕生

家康が着任する前の千代田村は民家わずか百戸の寒村でした。それが１６０３年の江戸開府によって入江の村は改造されて建設ラッシュが起こり、富士山を背景にした入江の、夢のある都へと変貌していきました。街には多くの職人、しかも独身男性たちが流入し、加えて参勤交代制度の発動によって地方から単身赴任の武士たちが着任したので、江戸は外食屋が必要となりました。

そこでまず浅草の待乳山聖天の門前に「奈良茶飯屋」という一膳飯屋ができました。明暦の大火後の１６５７年ごろのことですが、喜多川守貞（『近世風俗志』）は、これが日本初の外食屋だといっています。《奈良茶飯》というのは、奈良の《茶粥《ちゃがゆ》》を源流としますが、江戸では腹持ちのいい《茶飯》になりました。薄い煎茶で炊いた塩味の飯に濃い茶をかけたものです。なかには小豆、炒り大豆、栗などを入れて炊いたものもありました。それに豆腐汁や煮豆などを添えてあって《一膳飯》として商ったのです。この《一膳飯》につきまして、井伏鱒二は「大正５~６年ごろ鍋屋横丁にあった一膳飯屋では丼飯２銭、煮物２銭で馬方などが食べていた」と『荻窪風土記』に記録しているぐらいに、少し前までは下層者のための外食のような感じがもたれていました。しかし江戸初期はそうではありませんでした。当時の江戸はまだ煎茶を飲む風習すら一般的ではありませんから、むしろ贅沢な食べ物でした。

この一膳飯屋に続きまして、寺方御膳の最後に出される蕎麦、いわゆる《後段の蕎麦》を切り離して《蕎麦》だけを商う者が登場したのです。日本橋瀬戸物町「信濃屋」、日本橋元吉原「仁左衛門」、浅草「伊勢屋」などであったといいます。これが外食店としての「蕎麦屋」の初めです。いずれにしましても、先の奈良茶飯屋といい、この蕎麦屋といい、客の方からいいますと、わざわざ銭を払って食事するということ自体が珍しいことでした。それを店の方からみますと、銭を出して食事をする習慣のない人たちから、銭を頂くからにはそれに見合うだけのおいしい食べ物を提供しなければならないということになります。

そこで、江戸の蕎麦職人たちは蕎麦の打ち方の工夫や道具を改善し、加えて板前、釜前、中《なか》台《だい》、花番、外番などの蕎麦職人の職制を整え（天保のころ）、その結果として《江戸蕎麦》というものが完成していったのです。ただ、それは一朝一夕にしてできることではありませんので、その明確な経緯を述べることは難しいところです。おそらく段々と完成に近づいていったとみるのが妥当でしょう。とにかく、その発展段階のことはともかく、現在の江戸式といわれる蕎麦の打ち方を見てみましょう。

材料は蕎麦粉とつなぎの小麦粉（中力粉）と水だけです。

【蕎麦粉＋小麦粉＋水】

蕎麦粉は外皮の入ってない白っぽいものを使うのが江戸式です。蕎麦粉はすぐ劣化しますから、挽き立てがいいのです。しかし昔の粉は現在とは違っていたでしょう。収穫後はとうぜん天日干し、川辺にある製粉水車小屋は湿気が多かったにちがいありません。蕎麦の実にしろ、粉にしろ、今の物とはだいぶ違ったものだったと思います。

蕎麦は、蕎麦粉十割より、蕎麦粉八割・つなぎ二割の方が喉越しが良かったため《二八蕎麦《にはちそば》》が一般的になりました。その時期はだいたい元禄期（1688～1704年）以降とされていますが、はっきりしません。蕎麦研究家の見解も次のように異なっています。

＊本山荻舟《てきしゅう》（1881～1958年）説、1624～43年ごろ、

＊植原路郎（1894～1983年）説、1684年ごろ、

＊新島繁（1901～57年）説、1728年ごろ、

本山説は、韓国の僧元珍が東大寺の僧に、小麦粉を「つなぎ」として使うことを教えたと伝えられていることによります。ただし僧元珍なる者の存在が確認できないので、一般的には説として採用されていません。ただ朝鮮半島での「つなぎ」の歴史は古いので、説として切り捨てられないところがあります。

いずれにしましても、《二八蕎麦》は江戸初期から中期にかけた100年の間に始まり、そして広まったと思われます。

さて、蕎麦打ちですが、現在はよく手を洗うことから始めます。食に携わる者の常識ですね。

（1）次に、二・八の粉を篩った後、丁寧に加水します。現在は水捏ねが主流です。粉、水、空気をまんべんなく混ぜて、蕎麦の香りやうまさを最大限に引き出します。この段階を蕎麦打ち職人は「水まわし」とよんでおり、多くの職人は大事な作業だと言っています。その理由を蕎麦打ち教室「彩蕎庵」を主宰している安田武司は、こう述べています。蕎麦粉はデンプンが多いです。その成分であるアミロペクチンは水をその分子構造中に取り込んで膨張し粘性を発揮します。ですから水回しによって水がデンプンに到達する必要があります、と。

（2）続いて捏ねます。まず2玉に分けてしっかり捏ねます。それを一つにまとめ、体重をのせてしっかり練り上げコシを出します。ただ「コシ」というのはコマーシャル用語です。日本語では〝腰〟と書きます。文字通り要をしっかりさせた麺になるように打つのです。この〝腰〟を手打ち麺に求めるのは日本の蕎麦だけで、あとは押出麺では朝鮮半島《冷麺》ぐらいです。また乾麺では日本の《ソーメン》やイタリア南部の《パスタ》にも腰があります。さらには最近になって手打ち《うどん》や《ラーメン》もしきりと腰を言うようになってきました。

ところで、われわれは腰のある蕎麦をいつごろから求めたのでしょうか。《ソーメン》がいつから腰があったのかにも関わりますが、松尾芭蕉が江戸の蕎麦は「剛からず柔ならず」と讃えているところからしますと、江戸初期の芭蕉のころには腰のある蕎麦が見られていたのかもしれません。

（3）次が延す作業です。用いる麺棒は延し棒（長さ約90㎝）1本と巻き棒2本（長さ100～110㎝）の計3本です。最終的に約1・5㎜の均等な厚さに、広さはたとえば1㎏の場合は約84㎝×100㎝の長方形になるまでに延していきます。このように四角形にすれば、丸形ではできない麺の長さの統一ができて斑《むら》なく均等に茹で上がるわけです。この四角形こそが江戸蕎麦の特徴であり、それを考えついたところが革新的であります。

（4）次に延した生地を2枚、それをまた4枚、それをまた8枚に畳みます。つまり、84㎝を4つに折り畳みますから、見た目の長さが21㎝、事実の長さは1本42㎝になります。生地を〝畳む〟というのは日本だけだと思いますが、ここまでわざわざ数字を並べてきたのは、この42㎝を説明するためです。つまり、食べるときに麺の中心を箸で摘《つ》まめば42㎝が半分の21㎝になります。麺を食べる際の、卓から口元までの最適の長さになるというわけです。結果から見ますと、この長さにするため、畳み方、生地の大きさ、麺棒の長さ、延し台の大きさが工夫されたのです。ただし、長さ21㎝は卓で食べる現代の話。床とか、畳の上に折敷を置いて食べていた江戸時代はもう少し長い麺でした。それが昔は「饂飩一尺蕎麦八寸（約24㎝）」と言われていたことです。

（5）次が〝切り〟です。世界中でほとんどの国は押出麺が主流ですが、日本は切麺だけに特化させています。それは日本刀・庖丁文化の日本に《經帯麺》という〝切麺〟が伝わってきたことによりますが、江戸蕎麦は〝喉越し〟の良さを求め、角が立つようにきちんと切り、かつ一般的には約1・3㎜の細さに切ります。したがいまして、麺1本の太さは約1・3㎜、長さ約42㎝、重さ約1gの蕎麦となります。これが粋な【江戸蕎麦】。つまり伝統の【寺方蕎麦】でもなく、地方の家庭由来の【郷土蕎麦】でもない。江戸の蕎麦屋の香り高く、腰があって、喉越しのよい【江戸蕎麦】なのです。

振り返りますと、4000年前の人類史上初の手作り麺は太さ30㎜×長さ50㎝でした。それと比べればずいぶんスマートになったものです。

それは、中国麺に対して日本は庖丁切りにだけ特化し、さらに江戸では畳んで、均等に切るという手法が生まれたからです。このような正確な切り方をするには道具が必要ですが、そのような道具全般も変化していったのです。ではいつごろから変化が見られるのかといえば、たとえば『羹学要道記《かんがくようどうき》』（1702年：覚音院閑月《かくおんいんかんげつ》著）という料理書に現在のような蕎麦切庖丁が掲載されているところからしますと、庖丁はじめ他の道具も江戸初期ごろから打ち方とともに工夫を始めたのだと思います。

それにしても蕎麦をなぜ「打つ」というのでしょうか。ドンドン打ちつけるからという説もあります。また打開、打算、打ち破る、打ち明ける、打ち消すなどという言葉があるところからすれば、行動を強調する言葉使いでしょうか。とにかく蕎麦は打ちました。
（6）これを頂くためには、これを上手に茹でることが大切ですが、この茹で麺も日本ならではの特長です。話は少し飛びますが、米は日本に伝わって来た当初は〝蒸し〟て食べていたといいます。それを鎌倉時代あたりから水の豊富な日本では〝炊く〟ようになりました。水で炊いた方が米粒の芯まで熱が達して美味しいご飯になったわけです。当然麺もそうでした。だから蒸すより茹で麺が美味しくなります。だからといって、茹で方に失敗すれば、今までの麺作り工程が台なしになります。また「蕎麦は打ち立て」といいますが、直後はむしろ空気が入っているため浮いてしまい、十分茹でられません。できれば30分～3時間ほど寝かせてからがいいのです。この茹での過程ではさらに日本人の繊細さが加わりました。つまり麺の腰を大事にするために茹で時間に配慮するようになったのです。さらにはあら熱をとり、蕎麦を洗い、最後に冷たい水で締めて、器に盛ります。この〝洗い〟や〝締め〟は和食全般の特技です。調理は洗いから始まるし、締めることはたとえばご飯を《おにぎり》にするときなどの骨《こつ》です。つまりあま味のあるおいしい《おにぎり》を作るために、炊き立てのご飯を「おひつ」に入れて水分をとり、飯粒を締めています。
　昔は、これらの作業を蕎麦打ち職人とは別の「釜前」という者が担当していました。この分業職制は和食界自体がそうです。刺身（切る）、煮物（煮る）、焼物（焼く）担当、糠《ぬか》漬け、飯炊き担当…、ほぼ生涯それを担うのが基本でした。つまり飯炊き専任者は一日中薪を焼《く》べ、火を見ながら、最高の飯を炊くにはどうしたらいいかを考えるのです。茹で専任もそうです。一日中火を見ながら、湯が沸くのを見ながら、最高の麺を茹でるために茹で時間と、蕎麦の腰具合との関係を見出していったのです。盛付けも同じです。ここでは水っぽくならないように水を切って盛る。そのために水切れのいい「笊」を食器にしました。この笊は江戸蕎麦以前の時代は「大笊」に盛っていました。それは江戸時代やそれ以前の絵からも推察できますし、また各地の言い伝えでも聞くことができます。たとえば栃木市出流山地区の大笊に蕎麦を盛った《盆笊》は、その伝統を継いでいるものです。この大笊を江戸の蕎麦屋は考えて、お一人様用の小型の笊にしました。このときが蕎麦史上での《ざる蕎麦》の誕生になります。

四條流司家第41代四條隆彦は〝飾り付け〟と〝盛り付け〟は違うと言っています。つまり飾り付けは一つのプレートに調理したものを大盛に美しく飾り付け、それを各自が取り皿に取り分けて食べる法で、比較的に西洋料理や中国料理に見られる形式です。一方の盛り付けは、個々の器に美しく盛り付ける法です。したがってお一人様用の《ざる蕎麦》の誕生は極めつけの日本形式であるといえます。おそらく和食の銘々膳《めいめいぜん》が蕎麦膳にも導入されたのでしょう。日本の銘々碗と箸、取り皿に箸といった食形式は、日本人の衛生慣習からの発想だと思います。また余談になりますが、世界の食器はだいたい陶磁器か金属器だけが主です。対して日本は食器の材料が豊富です。陶磁器・漆器・金属器・ガラス器・竹器、ときには柏葉や葉蘭《はらん》や笹の葉まで利用しますし、そして本来は料理用の道具であった笊まで食器として使う国は珍しいことです。

その笊に蕎麦を盛ります。先ず四隅、そして真ん中に蕎麦を盛るのですが、麺がくっつかないように解《ほぐ》して盛ります。それまで麺は伝統的には束ねて盛っていましたが、江戸蕎麦から盛り方が変わりました。昔の盛り方の名残は現在の《戸隠蕎麦》や《へぎ蕎麦》の盛り方が受け継いでいます。以上のように、篩い、手打ち、茹で、洗い、締める、盛り付け…などの繊細な和の技術を結晶させたのが《江戸蕎麦》です。

2　旨い江戸の蕎麦つゆ誕生

次が蕎麦つゆです。出汁《だし》と返《かえ》しで作ります。返しは醤油・砂糖・味醂で作ります。表2で見るように、江戸の出汁に欠かせない鰹節が普及したのは、代表的な会社である「にんべん」が、日本橋に店舗を構えた1720年ごろでしょう。また醤油が関東で普及したのは、1753年に銚子に醤油の組合のような組織が結成されているから、そのころでしょう。

出汁は、関西では昆布でとるか、あるいは鰹節でも薄削り（0・1～0・2㎜）をサッと引いて香りを出します。それに薄口醤油を合わせます。関東では、厚削り（0・8～1㎜）の鰹節を時間かけて作って〝旨味〟を出すように出汁を作ります。しかも本枯節、つまり黴《かび》付《つき》で煮詰めて〝酷〟があって、なお舌触りを〝すっきり〟させるのが江戸式です。それに濃口醬油を合わせます。ちなみに、日本の出汁は鰹・昆布・椎茸などでとりますが、その特徴として脂が浮かないことです。しかも鰹出汁は動物性ですが、複数回の黴付きによって脂質が分解されているのです。

この鰹節と濃口醬油を使うのに決め手となったのが江戸の水です。火山列島日本の急流の水は基本的には軟水です。ですが表3で示しますように、国内において関東の水は京都に比べてやや硬いです。この水の硬度の差が味の濃淡の差に進んでいきました。関西系の醬油は醸造に3カ月費やすいわゆる薄口醬油です。これに対して江戸は硬水に合わせて醸造に半年ぐらいかけた濃口醬油を造ります。この濃口醬油と、濃い出汁には砂糖や味醂がよく合ったのです。

こうして旨味と酷とすっきり感のある出汁と、切れと酷の

表2　味醂・砂糖・醬油・鰹節関連年表（ほしひかる作成）

1713年	『和漢三才図会』「美淋酎、近時多造之」
1715年	徳川8代将軍吉宗、砂糖の国産化方針を打ち出す
1720年	にんべん日本橋室町に店舗を構える
1750年	銚子に醬油組合結成さる
1798年	讃岐の砂糖が大坂市場に現れ、以後は阿波、駿河、遠江、和泉、紀伊、土佐、九州各国が製糖
1837～1867年	『守貞謾稿』美淋酒は摂津にて造るが、多くは江戸において諸食物醬油と加え煮る

ある返しによる江戸蕎麦のつゆが完成しました。

【蕎麦つゆ＝水＋出汁（本枯節）＋返し（濃口醤油＋砂糖・味醂）】

ただ、食材が新しくなれば（変われば）、食べ方も新しくなります。醤油ができてから、〝和えて〟食べる《膾》から、〝付けて〟食べる《刺身》が生まれました。同じように蕎麦つゆができてから、麺に汁を〝和える〟から、つゆに麺を〝付ける〟食べ方に変わったのです。

世界の麺を見てみますと、中国などで見られる汁麺か、パスタなどのように汁気のある具を和えた麺が圧倒的に多いようです。そんな中、日本の江戸では麺を汁に付けるという個性的な《麺＋汁》を創り上げたのです。それは江戸の蕎麦つゆが旨かったせいです。

江戸末期の紀州田辺藩の原田という医師が自著『江戸自慢』に「蕎麦は紀州がうまいが、つゆは江戸が旨い」との名言を残しています。また明治になっても田山花袋（『時は過ぎゆく』）や志賀直哉（『豊年虫』）も、同じ台詞を小説のなかで書いています。小林一茶の生地を訪れて蕎麦を食べた「辻留」の辻嘉一も同じ感想を述べています。

表3　日本列島における水の高軟度表

2002年全国水道水硬度データ県別ランキングより、関東6県と関西2県のみを抜粋（Soft Water Club ホームページより）

都府県	平均硬度
千葉	81.8
埼玉	75.0
茨城	66.5
東京	65.3
神奈川	61.8
群馬	57.3
栃木	50.7
大阪	44.1
京都	42.5
全国平均	50.9

蝋燭《ろうそく》のみが明かりであった時代、おそらく濃いつゆは伊万里焼の白磁の猪口によく映えて美しかったのでしょう。江戸っ子はそのつゆをちょいと付け、一気に啜って食べることを江戸の粋としたのです。そしてホッとする旨味をもつ旨いつゆは、蕎麦のみならず江戸の味として発展し、鰻の蒲焼、おでん、天麩羅《てんぷら》などの江戸の料理のつゆとなっていきました。こうして、外国では主として華やかな甘味や、力強い油（脂）味のある物、あるいは程よい鹹味《かんみ》や酸味のある食べ物を「おいしい」と言い、日本では鰹にしろ、昆布にしろ、旨味のあるものを「旨い」と表現するようになりました。

なお、〝旨い〟と〝うまい〟の表記の違いにつきましては、江戸随一の料亭「八百善」の4代目栗山善四郎が著した『江戸流行 料理通』（平野雅章訳）では小鰹節（伊豆産）を使った出汁の項では〝旨味〟と表記し、〝うまい〟は「味のちょうど適当な程合いを得たことをいう」として使い分けています。よって本稿も旨味成分の味覚を〝旨い〟とし、一般的なおいしさを〝うまい〟としました。

3　微・美・味の薬味

寺方蕎麦時代は「出汁なき汁」、すなわち垂れ味噌や生垂れでした。それに辛味大根か、あるいは多くの薬味を入れて蕎麦と一緒に和えて食べていました。

多様な薬味というのは選択の楽しみがあったかもしれませんが、逆にいえば垂れ味噌だけでは物足りないというところがありました。後世から見れば、出汁に代わる物としてたくさんの薬味を使用していたと解釈されます。

ところが、「出汁（旨味）のある蕎麦つゆ」が誕生したのなら、薬味は不要のはずですが、汁と薬味の一体関係は蕎麦つゆが「江戸の味・日本の味」と絶賛される時代になっても引き継がれたのです。

【垂れ味噌・生垂れ＋**薬味**】→【蕎麦つゆ＋**薬味**】

江戸蕎麦の薬味は現在、《ざるそば》には大根卸し、刻み葱、山葵卸し、《かけ蕎麦》には七味が主流です。

そのうちの《ざる蕎麦》のときの「大根」ですが、これと麺類の組み合わせは古いのです。おそらく南宋から挽臼や麺作りの技術を伝えた円爾が、その慣習を持ち込んだのでしょう。

といいますのは、東福寺で催される円爾の月命日（17日）には、素麺が5つの小さな蒸籠に盛られ、昆布出汁のおつゆと大根が添えて供えられるからです。おそらく円爾と大根のご縁が、このような伝統行事のなかに込められているのでしょう。これを見た人の話によりますと、大根の長さ約5㎝×約8㎜角に切ってあって2本ずつ互い違いに積み上げてあるそうです。

蕎麦の場合は、特に辛味大根が人気です。蕎麦の野趣味とよく合い、あまみが増すためです。旨みのない汁の時代の『中山日録』（江戸初期）を読みますと、辛味大根などの刺激の強い薬味で食べるか、多種の薬味かを入れて食べています。先ごろまで湯島に在った蕎麦屋「古式蕎麦」で提供していた《生醤油＋辛味大根の絞り汁》や、越前の《おろし蕎麦》などはそうした伝統的蕎麦の食べ方の名残でしょう。

なお、江戸時代には武州（埼玉県川口市赤山）の赤山大根が極上とされていましたが、今はありません。それは江戸蕎麦になって、江戸のつゆを活かすために辛味大根を不要としたためでしょう。

それから「葱」です。葱は江戸初期から使い始めたといわれていますが、江戸中期の東北尾花沢市鈴木家の『蕎麦秘記奴記』に記載されているくらいですから、中期には全国的に使用されていたのでしょう。ただし江戸では葱の白い部分の芯を抜いて、繊細に細く切って使います。ちなみに江戸では千住葱が人気でした。

もう一つ、日本独自の「山葵」があります。10～13℃の湧き水などで育てるといいますから、いかにも清流日本を象徴する薬味です。山葵は螺旋《らせん》状にイボのように突起した部分にうま味がありますから、丸ごと卸します。

山葵と蕎麦の組合せは『和漢三才図会』でも紹介していますが、最初は鯉を山葵酢で食べていましたが、江戸時代になると人気が出て、寿司や蕎麦の薬味になりました。山葵のもつ鼻をつくような独特さを中国文学研究者の青木正児は「新鮮な気」と言っています（小説『陶然亭』）。また川端康成は作家の視点で「緑の朝風」と表現しました（『温泉宿』）。たしかに唐辛子（カプサイシン）には灼熱感がありますが、山葵（アリルイソチオシアネート）は〝冷感〟がします。先達の的確な表現である「新鮮な気」「緑の朝風」的なところが山葵の本質であり、それが涼味を特徴とする《ざる蕎麦》によく合ったのです。江戸中期の朱子学者林信篤は「食に形あり、色あり、気あり、味わいあり」と述べましたが、山葵の〝気〟は日本人好みだったのです。

ところで、こうした薬味は科学的にはどういえるのでしょうか？ ㈱インテリジェントセンサーテクノロジーが、「つゆ」だけと、「つゆ＋薬味」を味覚センサーで酷度の比較を計測してみました。すると後者の方が〝酷〟が抑えられていました。ちなみにカタカナの「コク」もやはりコマーシャル用語です。日本語では酷と書きますが、それは酒などの深みのある濃い味わいに由来します。

つゆは醸造醤油や味醂が使われるため当然酷が出ます。それが抑えられて和んでいるということは、酷があって、なおサッパリ感を求めてのことでしょう。

でも、薬味を入れすぎれば和みが崩れます。ですから江戸の薬味は少量なのです。わたしたたちは、（1）日本産の物を、（2）生のままで、（3）食べる直前に卸したり刻んだり切ったりして、（4）少量を良しとする、薬味の楽しみ方をしています。

漢和辞典を見ますと、「美はうまい・味がよい、味は口で微細に吟味すること、微はわずか・かすかの意があり、微《び(み)》・美《び(み)》・味《み》は「ミ」「ビ」と読みます。だから俳人楠本憲吉は「微は美なり、美は味なり」と言っています。まさに日本の薬味がそれです。少量の薬味は美しく、おいしい。かくて薬味は和食の全体のなかで独特の存在となったのです。

ちなみに、江戸蕎麦の三大薬味の葱、大根、山葵の旬は冬です。また日本人が薬味として大好きな大葉、三つ葉、茗荷《みょうが》、新生姜、辣韮《らっきょう》は梅雨期の旬、と比較的偏っています。日本の薬味趣向は日本の四季・風土から生まれるべくして生まれたのです。

4　和みの蕎麦湯

日本の料理は「水の料理」ともいわれるほどによく水を使います。煮る、炊く、茹でる、蒸すという直接的料理法の他に、支度段階においても水で洗う、水でぬらす、水で溶く、水に漬ける、水に晒す、水で割る、湯通しをする。

そもそもが穀物の食べ物は塩分がなければあまりおいしくありません。その塩分を水の国の日本は汁やつゆに求めました。それがご飯に味噌汁、麺につゆという組み合わせです。

【穀物（ご飯・麺）＋鹹味（味噌汁・麺つゆ）】

次は蕎麦湯です。先ずは江戸後期の話ですが、『東海道中膝栗毛《ひざくりげ》』の弥次郎兵衛と喜多八《きたはち》の二八コンビは、沼津あたりの蕎麦屋で「蕎麦を食べたいけど銭がないので、せめて蕎麦湯でも飲ませてほしい」とイジキタナイ行為を読む者の笑いの対象にしています。このイジキタナイはモッタイナイと通じるところがあります。おそらく、最初はたっぷり残った蕎麦湯を捨てるのはモッタイナイということから、蕎麦湯を飲む慣習が始まったのでしょう。

蕎麦湯は江戸初期（１６９７年刊の『本朝食鑑』）には見られますが、江戸に入ってきたのは江戸中期ごろだといいます。ただ、普及過程を想像しますと、「蕎麦湯だけ」から「蕎麦湯＋蕎麦つゆ」に変移していったと思われます。

（1）蕎麦湯を飲むという地方の風習が江戸に入ってきたころ、地方の家庭の蕎麦つゆは出汁なき垂れ味噌でしたから、旨みはありません。したがいまして江戸に入ってきた直後は、蕎麦つゆの入ってない蕎麦湯だけの飲み物だったにちがいありません。

ちなみに、後世のことですが、夏目漱石はしばしば蕎麦湯の場面を描いています。『坊っちゃん』では、下女がひそかに蕎麦粉を仕入れておいて、いつの間にか寝ている枕元へ蕎麦湯を持ってきてくれます。『こゝろ』では、主人公が食事のとき気分が悪いと言ったのを気にして、奥さんが十時ごろ蕎麦湯を持ってきてくれます。『火鉢』では、妻が「寒いでしょう」と言って蕎麦湯を持ってきてくれます。これなどは明治の人の蕎麦湯に対する親しみのなかに、熱い湯を家庭で飲むとホッとさせ、しかも栄養のある蕎麦湯に救いと安堵《あんど》を求めていた姿がうかがえます。しかし、いずれの場合も状況から蕎麦つゆを入れたものとは思えませんから、漱石が描いた場面は、昔の蕎麦湯だけの飲み物だったのでしょう。

（2）その家庭の蕎麦湯の慣習が江戸に入ってきたころ、江戸には蕎麦屋が並び、蕎麦つゆは出汁（旨味）のあるものでした。そこで、誰かが蕎麦湯に蕎麦つゆの残りを入れてみたというのが、現在のいわゆる「蕎麦湯」の始まりだと思われます。

旨い蕎麦つゆは、蕎麦湯で割っても旨いから、「蕎麦湯にはその店の味がある」ともいいます。とくに老舗の蕎麦つゆを入れた蕎麦湯は旨いです。締めにこれを飲むのが江戸の流儀となったのです。

（3）ところが現代になりまして、さらに蕎麦湯に蕎麦粉を加える濃い蕎麦湯が登場しました。「蕎麦湯も料理の一つである」との提案からでした。

このように、蕎麦湯も変化しましたが、昔の地方の蕎麦湯も、江戸の蕎麦湯も、現代の蕎麦湯も、蕎麦を食べ終わった後に残ったつゆを蕎麦湯で割って飲むとホッとする和やかな味わいがするものですね。

（4）蕎麦が健康食品といわれる最大の理由は、米や麦の胚芽部分は栄養が豊富であるにもかかわらず棄てられてしまいますが、蕎麦は「全粒」で食べるところにあります。そしてそれらの栄養成分は蕎麦湯に多く溶け出しています。ですので締めに蕎麦湯を頂くことは、（3）で述べましたように心も満たせてくれますが、栄養学的にもかなっているものです。

5　蕎麦は江戸を盛美とする

江戸初期に蕎麦屋という外食屋が誕生し、江戸中期には江戸蕎麦とつゆが完成を見せました。そうしますと、本格的な蕎麦屋が現れるようになります。たとえば、砂場（薬研堀）、尾張屋（浅草）、更科（麻布）、藪（雑司ヶ谷）など現在の老舗《しにせ》蕎麦屋の祖が登場するのも江戸中期です。

このころの有名な話として庵号伝説があります。話はこうです。

浅草称往院の塔頭の一つである道光庵の庵主が蕎麦打ち上手だったため、檀家の人や江戸の人たちの間でたいへん評判になりました。ですが、そのために称往院《しょうおういん》の25世昇誉《しょうよ》恵風に「僧侶であることを忘れるな」と叱責され、禁断の碑を建てられてしまいました（1786年）。そのころから蕎麦打ち上手の庵主にあやかって「庵」号の蕎麦屋が増えていったといいます。現に、1787年ごろには東向庵（鎌倉河岸）、雪窓庵（茅場町）、東翁庵（本所）、紫紅庵」（目黒）など庵の付いた蕎麦屋が続々開店しました。

このことは【寺方蕎麦】が終焉《しゅうえん》し、江戸の蕎麦屋が盛美のときを迎えたことの象徴的なエピソードだとみていいでしょう。このような時代背景をうけて、鳥居清廣は「江戸名物蕎麦尽《そばづくし》」（1755年ごろ）を描き、北尾重政は『絵本浅紫』の中に「蕎麦はとりわけ江戸を盛美とす」（1769年）と記しました。

そして、このころの一品には《しっぽく蕎麦》（1748～51年ごろから）、《はなまき蕎麦》（1772～81年ごろから）、《ざる蕎麦》（1787年ごろから）など多様な商品が顔を出しました。《しっぽく蕎麦》は西日本で流行りました《しっぽく料理》に倣《なら》った具だくさんの蕎麦ですが、具入り江戸蕎麦の初めとなったと思われます。《はなまき蕎麦》は江戸前の浅草海苔を使った地産地消型の一品。《ざる蕎麦》はそれまで盛っていた大笊をお一人様用の小笊にしたアイディア商品です。

また、日本橋の蕎麦屋あたりから器が豪華になってきました。日新舎友蕎子《にっしんしゃゆうきょうし》の『蕎麦全書』には、「玉屋」が朱塗の器に盛った《玉垣蕎麦》を、「大和屋」は錫《すず》の碗に秋田杉の蓋に摘まみは吹玉（ガラス玉）、そして杉箸は歌を書いた紙で包むという豪華な《朝日蕎麦》、「福山」は錦柄の陶磁器《錦蕎麦》を、「堺屋」は黒塗りの蓋に芝居役者の蕎麦の発句を金粉で書くという《歌仙蕎麦》を売り出したことを紹介しています。

こうした蕎麦の変化発展を見通していたのでしょうか、松尾芭蕉は京都嵯峨野の落柿舎《らくししゃ》において弟子たちに「俳諧と蕎麦切は江戸の水に合う」と言ったと伝えられています。芭蕉は江戸初期の人です。まだ江戸に蕎麦が入ってきたばかりのころですから、江戸蕎麦の盛美を予言したような言葉であったといえるでしょう。

そして江戸後期になりますと、《かけ蕎麦》《きつね蕎麦》《鴨なんばん》《御前生蕎麦》《天ぷら蕎麦》《あられ蕎麦》《穴子なんばん》《いなか蕎麦》《たぬき蕎麦》と今に続く蕎麦屋の一品が勢ぞろいします。これも職制の中台（種物を作ったり、天麩羅を揚げたり、汁の加減をみたりする職）の働きによるものでしょう。

こうして蕎麦は町方たちの生活のなかで重要な位置に着いたのです。そのためでしょうか、江戸後期あたりの町人の間では蕎麦信仰なるものが広まりました。たとえば浅草誓願寺の蕎麦《そば》喰《くい》地蔵（現在は練馬九品院）、小石川慈眼院の沢蔵司稲荷、千住金蔵寺の蕎麦閻魔《えんま》などです。町方信仰の対象であったお地蔵さん、お稲荷さん、閻魔さままで蕎麦好きになったわけです。この現象こそが蕎麦の町方化です。

こうして、【寺方蕎麦】で始まった日本の蕎麦は、表4のように初めて江戸で蕎麦屋という外

表4　江戸蕎麦の歴史（ほしひかる作成）

年代	蕎麦屋	備考
1657年以降	日本橋瀬戸物町「信濃屋」	蕎麦屋の最初、けんどん蕎麦
	日本橋元吉原江戸町　「仁左衛門」	けんどん蕎麦
	浅草「伊勢屋」	正直蕎麦
1688～1704年	日本橋新材木町「信濃屋」	ぶっかけ蕎麦
1688～1704年		信州などで蕎麦湯の風習
1706年	「長寿庵」創業	（伝承）
1712年		山葵
1748～51年	薬研堀「大坂屋砂場」	（初見）
1748～51年	日本橋瀬戸物町「近江屋」	しっぽく蕎麦
	日本橋人形町「万屋」	しっぽく蕎麦
1748～51年		蕎麦湯の風習が江戸へ
1753年	浅草「尾張屋」	（初見）
1755年頃		清廣「江戸名物蕎麦尽」
1769年		重政「絵本浅紫」
1772～81年頃		はなまき蕎麦
1786年	浅草称往院禁断の碑	
1787年	深川洲崎「伊勢屋」	ざる蕎麦
1789年	麻布永坂「更科堀井」創業	
1798年	「雑司ヶ谷藪」	（初見）
1800年頃		かけ蕎麦
1806年頃	深川「菱屋」	きつね蕎麦
1804～1818年	麹町七丁目「砂場藤吉」	
1810年	日本橋馬喰町一丁目「笹屋」	鴨なんばん、御膳生蕎麦
1818～30年		天ぷら蕎麦
1825年		あられ蕎麦
1827年		割箸（杉原宗庵が考案）
1830年	「巴屋」	（伝承）
1848年	馬喰逸丁目町「伊勢屋藤七」	穴子なんばん
1852年	両国「両国田舎」	いなか蕎麦
1854年頃	広尾「たぬき蕎麦」	たぬき蕎麦？
1858年	日本橋通一丁目「東橋庵」	広重画、御膳生蕎麦
幕末頃	下谷七軒町「太田屋」	おかめ蕎麦
幕末頃	日本橋稲何堀「松露寿し」	蕎麦寿し

食店が開業してから【江戸蕎麦】（または【町方蕎麦】）へと見事な変身を遂げたのです。

第15章　日本人のおいしさ表現

よく「日本文化は奥が深い」といいます。そういわれますと何となく「そうだ」と納得してしまいますが、たとえば色彩用語では、カタカナ表記の慣用色は285カラー（『洋色大辞典』）の数に対し、日本の伝統色は465色（『和色大辞典』）があると聞いています。食感用語も、一説によりますと英語で75語、対して日本語は微妙な表現が多いため406語にものぼるといいます。これだけの数字を示されれば、やはり「奥が深い」とか、「豊か」だとか言っても許されるでしょう。それから色彩（視覚）というのは、「赤・黄・青」という共通基準を基にして285色が存在します。音階（聴覚）も、「ド・レ・ミ…」という世界共通基準があります。

では、味覚の共通基準というのは何でしょうか。しかも味覚には、視覚、聴覚、臭覚が関係します。それに味覚は主として地域文化に由来していますし、臭覚は個人差に依存していますから実に複雑です。味覚の共通基準というのはあるのでしょうか。その前に、人間の視、聴、臭、触、味覚の五感というものは、生命を維持するための危険察知のセンサーであったはずです。ですが北海道教育大学の宮崎正勝らも言っていますが、人間が文明化・都市化してきますと、5つの感覚は快楽、美意識、創造などと結びついて、文化を支える五感に変わってきました。そのなかの味覚は、食べられる物と食べられない物の選択から、腹いっぱいに食べることや、栄養論を経て、おいしさの追究へと軸足を変えてきました。もちろん明確な推移が見えるわけではなく、人類史とともにある大きな変化です。先の「対馬」の章で述べた平出隆は、食べ物が本来有していた「食べられる物と食べられない物の選択」の時代の原始性みたいなものを詩人の感性で嗅ぎ取ったのでしょう。

では、人間はいつから食べ物においしさを求めるようになってきたのでしょうか。古代中国の『礼記』には甘、鹹、酸、苦、辛の五味が記されており、古代ギリシャのアリストテレスは、甘、塩、酸、苦、辛、渋、刳の七味を唱えていますから、遅くともこのころには人間はおいしさを意識していたのでしょう。

それから時代は大きく下って１９１６年、ドイツの心理学者H・ヘニングは甘・塩・酸・苦の「四基本味説」を提唱しました。これが東西の味覚文化に共通しているところから味覚の基本となっています。

ところが日本では、この四基本味にもの足りなさを感じていました。少し前の１９０７年に池田菊苗が旨味物質グルタミン酸を発見したこともあって、これを基本味に加えたいとする動きが出てきたのです。そこで欧州式の「四基本味」に倣って甘味、塩味、酸味、苦味に、旨味を加えて「五基本味」を提唱。１９８５年の第１回国際うま味シンポジウムあたりから「ｕｍａｍｉ」が学術用語として認められ、今では五味が基本となってきました。

こうした経緯をもって、「美味」とは何かと問われますと、一般的に味、風味、食味、環境によって成立すると説明されるようになりました。

しかし、問題があります。基本味というのが舌による味覚、つまり化学的美味基準によるため、辛味（痛覚）、渋味（痛覚＋味覚）が基本味から外されることがあるのです。また「香り（臭覚）」は化学物質に由来しますから、触覚、視覚、聴覚より重視されています。さらには美味ということを味覚、臭覚、視覚、触覚、体調、環境まで総動員して説明するものですから、日常のおいしさ基準というより、まるで構造学的学問のようであり、もっと単純化して現実的になれないかという声が聞かれるのです。それに蕎麦を対象としているわたしたちは、こうした化学的基準が基本の構造でいいのかと疑問をもつことがあります。

たとえば、江戸ソバリエ認定講座では「舌学」と称して10軒以上の蕎麦屋を訪ね、食べた蕎麦を報告しなければなりませんが、参考のために令和元年度受講生の舌学ノートのうち最優秀賞・優秀賞12名（男性7名・女性5名）の報告書12枚を見てみますと、重要な点があることに気付きます（表5）。

表5　江戸蕎麦のおいしさ表現（舌学ノートより）

触覚（口内）	腰、喉越し、滑らか（つるつる感）、弾力（もちもち感）、歯応え
視覚（麺の形）	蕎麦の細さ、蕎麦の長さ、均一、角が立つ
視覚（麺の状態）	色、艶、透明感、瑞々しい、斑点、すっと手繰れる、
味覚	旨味、甘味、素朴な味わい、上品な味わい、風味
臭覚	香り
涼味	つめたい（涼感）

①触覚の中の涼感

蕎麦好きたちのほとんどは《ざる蕎麦》が好きです。江戸ソバリエの報告ノートにも多くの人が「つめたいから、おいしい」と記しています。戦国時代に日本にやって来たルイス・フロイスも、日本人がつめたい麺を食べているのを珍しがって記録しています。ただ、わたしたちはつい「つめたい」と言っていますが、それは氷のような冷たさではないことはいうまでもなく、〝涼感〟のことです。それがこの《ざる蕎麦》ということを念頭においておかなければなりません。ノートにはわざわざ選択した理由を書きませんが、蕎麦好きたちが《ざる蕎麦》を選んだのは最初から涼感を求めてのことです。

《ざる蕎麦》にかぎらず、この涼感というのは「日本人が求めるおいしさ」の一つであると九州大学の近藤弘は唱えています。たしかに日本人は冷蔵庫のない時代から夏の胡瓜は井戸水に漬けてまで冷やして食べていました。

一切れの　生胡瓜にも　涼を追い　（池波正太郎）

ちなみに、近藤の言う涼感とは12～13℃のことであり、冷感とは零度前後の温度のことです。また江戸ソバリエ講師の加藤哲哉は、蕎麦は12～15℃、蕎麦つゆは15～20℃がおいしいと言っています。この蕎麦の温度も近藤の涼感内に入っていますが、こうした「つめたいから、おいしい」という日本人の味覚が〝涼味《りょうみ》〟なのでしょう。

②触覚の中の物質感

蕎麦好きたちが絶対視しているのが〝腰〟と〝喉越し〟です。軒並みに、それがおいしい蕎麦の必要条件であるかのように列記してあります。〝喉越し〟とはどういうことでしょうか。九州大学の都甲潔は、水やアルコールや炭酸に喉の神経が初期応答（清涼感・爽快感）を引き起こすこととしています。まさにそのとおりですが、蕎麦の喉越しとは水やアルコールや炭酸のごとくに喉の神経が涼感を楽しむことです。〝腰〟については前に述べましたが、手打ち麺で腰を第一とするのは《江戸蕎麦》だけです。それは先に述べました蕎麦屋の分業職制から生まれたものと思われます。飯炊きにおいては、飯炊き専任ならではの知恵が生まれるといいますが、蕎麦屋の茹で専任の釜前は、沸騰する釜の中で踊る麺を注視しながら、おいしい蕎麦とは何かを考え続けました。その結果、板前の蕎麦打ちの技術とは違った方法で腰や喉越しを追求したのです。

腰は茹で方次第ということでは、乾麺パスタのアルデンテも同じです。フィレンツェのジョバンニ・デル・トゥルコ（1577〜1647年）が茹で方を工夫して「茹ですぎないように」ということを推奨してから、18世紀以降のイタリアではアルデンテの乾麺パスタが散見されるようになったといいます。内田百閒《ひゃっけん》は小説『贋作吾輩は猫である』のなかで「麺類の味は要するに触覚だな」と言っていますが、これに尽きるでしょう。

③物理的視覚

ノートでは全員、蕎麦の細さ、蕎麦の長さ、そして色を楽しんでいます。わたしたち人間は外からの情報の8割以上は視覚によって受信しています。人間の機能からいえば、先ず食べ物の形・色など視覚で愛でるというのは、何よりも本能にかなっているといえます。その先達が、江戸時代の句にあります。

目に青葉　山ほととぎす　初鰹（素堂）

結論として、わたしたち日本人は、蕎麦麺の温度、そして〝腰〟などの物理的触覚、細さなどの物理的視覚という基準で「おいしさ」を表現しています。つまりは舌が感じる五味（化学的基準）とはちがった基準に重きをおいているわけです。

④そうは言いましても、当然蕎麦そのものにも味があります。それは主としてほのかな甘味（少糖類）と旨味（18種のアミノ酸）によりますが、その味と複数の成分による香り（アルデヒド類、アルコール類、アルキルベンゼン類、ナフタレン系の成分）が一体となって蕎麦の魅力を生んでいます。このため内田百閒説とは別に「蕎麦は香りで食べる」と言う人もいます。

【江戸蕎麦】の食べ方はこの魅力を殺さないようにとの工夫から生まれました。すなわち細く切った蕎麦をつゆに3分の1ほど付けて、啜って香りを一緒に鼻腔へ誘導して食べます。作り方とおいしさと食べ方は、切ってもきれない血縁どうしだともいえます。

⑤その他として、この資料（舌学ノート）には記されていませんが、「蕎麦は伸びないうちに食べよう」という暗黙のルールがあります。それは江戸の名物である蕎麦、天麩羅、握り寿司もそうです。〝でき立て〟がおいしいというわけですが、この食べ方はどこからきたのでしょうか？

日本食の歴史を見てみますと、最初は干した物や切っただけの生物《なまもの》に、塩（鹹味）や梅（酸味）や蓼《たで》、辛子、楡（辛味）を使って味付けして食べていた時代から、鎌倉時代にはうす味（淡味）や出汁（旨味）のある精進料理へ、そして室町時代には豪華な御成料理の誕生へと変遷していきましたが、いずれも全体的には冷めた料理でした。

それを「茶聖《ちゃせい》」とよばれた千利休は、どうしたらおいしく食べていただけるかを求め、その結果〝旬の物〟を料理し、温かい物は温かいうちに、冷たい物は冷たいうちにという画期的な持て成し法にいたりました。現代の言葉を使えば「タイミング」です。そうした茶人の懐石《かいせき》料理の考え方が江戸の食べ物にも影響を与えたのでしょう。今のわたしたちはそうした食べ方を継いでいるわけです。もちろん少し置いた方が、あま味が出るという熟成好みもあります。しかし総体的には日本人は新鮮なうちの、でき立てを好むのです。

⑥最後にひとつ。わたしたちは、古くは「医食同源」とか、最近では「ヘルシー」とかの言葉だけは大変気にしています。なのに、なぜかその中身までを詳しく知ろうとしないところが

あります。たとえば蕎麦が五大栄養素を含んだ優れた食べ物であることは承知しています。その五大栄養素とは、(i)蛋白質〔必須アミノ酸〕、(ii)炭水化物、(iii)ミネラル〔カリウム、亜鉛など〕、(iv)ビタミン〔ルチン、ナイアシンなど〕、(v)脂質のことですが、こうした栄養が人間の身体にとって大事だということも何となく分っています。だからといってそれらの機能について詳しく知ろうとはあまりしません。加えて蕎麦は、粟、黍、稗《ひえ》、トウモロコシ、玄米、全粒粉とともに、低GI食品つまり食後の血糖値を上げにくい食品だということや、LPSと呼ばれる成分が免疫力を高めることも知っている人は知っていますが、それが理由で蕎麦を食べたりしません。

どうやら、日本人は難しい(理屈っぽい)栄養学を無視してはいないけれど、それ以上に、昔は「腹いっぱい」、今は「おいしさ」が先行しているところがあるようです。

第16章　粋な江戸蕎麦

おいしさというのは食べ方と一体です。わたしたち日本人は食事（和食）をするとき、ご飯が左、味噌汁は右側に置くのが作法です。それはご飯が主食であるところによります。わたしたちは右手に箸を持つことが多いので、とうぜん主たる飯碗は左手で持つようになりました。それに碗類（飯と汁）は手に持って箸で食べますが、皿類は置いたまま箸を付けて食べます。また手に持つ箸、飯碗、汁椀は銘々です。こうした和食の作法は室町時代あたりに定まっています。理由は、おそらく日本人の衣服のせいだと思われます。当時の日本人は着物です。特徴として袖《そで》の袂《たもと》が長いのです。おそらく日本人だけがこのような長い袂の衣装を身に着けているでしょう。明治になって、欧米視察に出かけた日本人は現地で、食器を持つことはマナー違反と言われ（久米邦武『米欧回覧実記』）、食器を置いたまま食べたところ、それでは袖の袂が汚れることに気づいています。

【寺方蕎麦】の時代は、蕎麦を木椀に入れて、それを汁で〝和えて〟食べていましたが、蕎麦は汁物として扱われ膳の右側に置かれていたと思います。

しかし【江戸蕎麦】の時代になってくると蕎麦が独立しました。当初はとくに作法というべきものはありませんでしたが、とうぜん日本人は右手で箸を使いますから、主食のご飯に倣って《ざる蕎麦》などのつゆ用の猪口《ちょこ》はしぜんと左側に置きました。そして食べるときは猪口を左手に持って、右手の箸で蕎麦を摘まみ、つゆに〝付けて〟食べるようになったのです。

〝和える〟時代は、ヨーロッパのソースやドレッシングのように麺にそれを和えて食べていましたが、〝付ける〟時代になりますと、逆につゆに麺を付けて食べるようになったのです。まるで、つゆが主役になったような革命的な変化ですが、その方がおいしかったからでしょうし、またそのときから日本人は啜《すす》って食べることを意識し始めたのではないでしょうか。

　蕎麦を食べるということでいえば、河竹黙阿弥が五代目尾上菊五郎のために書いた『天《くも》衣《に》紛《まごう》上野《うえの》初花《はつはな》』（の六幕目入谷村蕎麦屋の場：通称「河内山と直侍《なおざむらい》」明治14年）というのがあります。当時、大人気だったといいます。どういう芝居かといいますと、主役は片岡直次郎という御家人のお坊ちゃん。それがワルになって、今やおたずね者。そいつが寒い寒い雪の夜に、入谷の蕎麦屋で《かけ蕎麦》を食べる。このシーンが当たりました。というのも、主人公は今でこそ落ちぶれてはいますが元はれっきとした侍だった、というところに「男の美学」だとか「滅びの美学」のようなものがあるというわけです。だから作者は主人公に格好よく蕎麦を食べさせようと工夫しました。先ず、脇役にわざとモソモソと下手に食べさせ、そのあとに色男の直次郎につるつるつると粋に啜らせたのです。

　実は、麺を上手に啜るのは案外むずかしいものです。歌舞伎の脇役ならずとも周りには上手くない人がたくさんいますし、また驚くほど粋に食べている姿を見せつけられることもあります。それもそのはず哲学者の九鬼周造は名著『「いき」の構造』で、「〝いき〟の第一の徴表《ちょうひょう》は異性に対する媚態《びたい》である」と述べています。どうやら粋とは人から見られて成立するところがあるようです。

それに、九鬼は江戸の〝いき〟は関西の〝粋《すい》〟と異なるとしてひらがなで〝いき〟と表記しました。この言葉は辰巳芸者に由来するといいますから、ひらがなもいいでしょう。しかし後には遊興の場だけではなく一般にまで広がりました。それならここでは広く考えて芸者言葉の色気をふくんだ〝いき〟より、男も使える〝粋《いき》〟という漢字にしたいものです。ただ蕎麦を啜るということだけでいいますと、啜るには呼吸が必要ですから、異色の映画監督武智鉄二が言った〝息〟の字の方が合ってるように思います。ただ一般的には受け入れられないでしょう。

話を舞台に戻しますと、色男直次郎の食べ方は当たりました。町方にとっては侍という血筋の良さへの憧れがあります。しかしそのままでは縁遠い。その点いまは自分たちと同じレベルのやくざ者。いわば上品と下品の両面をもちながら、すれすれのところで上品さを失っていないという直次郎の姿は、江戸町方が憧れる粋な生き方のモデルでもありました。それが蕎麦の粋な食べ方にも表れているというわけです。

さて、このような粋の美学は別として、一般的な蕎麦の食べ方というのがあります。それを夏目漱石は『吾輩ハ猫デアル』（明治38年）の中で「蕎麦を解せない人ほど気の毒なことはない」と言いながらこう述べています。要約しますと、

（1）お辞儀をします。

これは「頂きます」の代わりでしょう。江戸時代までは銘々膳でありましたからお辞儀をするていどでした。それが明治になって「頂きます」の言葉が一般化してきました。漱石はその変化の境に着目してわざわざ描写したのかもしれません。

響き爽やか「頂きます」という言葉（**中村草田男**）

（2）薬味をつゆに入れ、「蕎麦はつゆと薬味で食うものだ」と言って食べます。

日本人の薬味好きのところをよくとらえています。

（3）一尺ばかりの高さにしゃくい上げます。

「饂飩一尺、蕎麦八寸」と言いますから、漱石の正しい観察力を感じます。

（4）むやみにつゆを付けるな、三分の一ぐらいがいい。

この麺の三分の一程度をつゆに付けるのが蕎麦の食べ方で一番大事な点です。濃口の江戸のつゆにおける蕎麦の風味を打ち消さない食べ方なのです。

（5）口の内でくちゃくちゃ食うな。

一口につるつると啜って喉へ滑り込ませる。これが日本人独自の蕎麦の食べ方です。

（6）お蕎麦の一本二本を蒸籠の簾《すだれ》に残すな、お蕎麦が泣く。

最後の（6）だけは作家の幸田文が「そうめん」という随筆のなかで言っていることです。

日本人が箸だけで食事をするようになったのは室町時代からですが、細い麺の切れ端まで残さず摘まむために日本の箸はアジア諸国の箸に比べ、先が細くなっています。幸田の指摘は日本人の箸食の象徴的な話であると思います。

ついでながら、笊の網目は横になるように置いてあった方がいいです。箸を右横から蕎麦の盛りに入れますから、そうした方が箸の通りがいいからです。

以上、夏目漱石の「頂きます」から幸田文の「残さない」までが、蕎麦のまともな食べ方です。

禽獣《きんじゅう》はくらい、人間は食べる。教養ある人にしてはじめて食べ方を知る

（ブリア・サヴァラン）

第17章　至福の蕎麦

1　在来種

わたしたちは、自然、新鮮、朝取り、産地直送、あるいは本場という言葉に弱いようです。その理由の一つに和食は素材を重視しているところにあるでしょう。《新蕎麦》もそうした感覚で好まれています。また蕎麦の場合はもうひとつ《在来種》にも人気があります。

《在来種》とはその土地で古くから栽培されてきた蕎麦です。現在、登録されている蕎麦の品種は48品、出願中の品種は5品（農林水産省）ですが、在来種は約170品（独立行政法人農業生物資源研究所）もあります。ただしこれらがすべて流通していているわけではなく、また在来種登録以外のものもたくさん存在しており、その土地土地の蕎麦の風味を楽しませてくれます。

現在、ブランド戦略で成功しているのは茨城県の「常陸《ひたち》秋そば」ですが、福井県は在来種戦略をとっています。そのいずれも蕎麦のためには素晴らしいことです。

ヤフーで一緒に蕎麦の仕事をした歌手の高遠彩子さんは「おいしい蕎麦はつゆを付けないでも食べられる」とおっしゃっていました。もちろん蕎麦通は一啜り、二啜りぐらいは普通にやります。ですが高遠さんの場合は、笊1枚ほとんど蕎麦だけでもいけるほどです。江戸蕎麦はつゆも旨いのですが、蕎麦そのものもうまいのです。ましてや新蕎麦はなおのこと。高遠さんならずともつゆを付けるのが惜しいと思うところが確かにあります。

とにもかくにも蕎麦好きは、「新蕎麦だ」とか、「珍しい在来種が手に入った」とか、「自分で栽培した蕎麦です」とか言われると、その至福の味覚が脳を過ぎり、居ても立ってもいられなくなります。長谷川雪旦の『江戸名所図会』のなかの「深大寺蕎麦」は、芒《すすき》、銀杏、雁が描かれているところから、住職による深大寺在来種の《新蕎麦》のご接待の絵であるとされています。

2　新蕎麦

現在の東京では蕎麦畠はあまり見られませんが、江戸時代はそうではありませんでした。たとえば、『毛吹草《けふきぐさ》』には江戸時代の武蔵国は信濃国とともに蕎麦の産地として紹介してあります。また『蕎麦志《そばし》』にも「多摩郡多く産す。深大寺蕎麦の称あり。近世箱根ケ崎および村山辺りより夏蕎麦を出す。北豊島・新座の両郡また佳」と具体的地名を挙げているぐらいです。

蕎麦の収穫時期は、日本列島の北と南では約3カ月ほど開きがあります。その前の開花時期は、北海道では7月15日～20日ごろ、鹿児島県では10月中旬～下旬ごろです。

日本では蕎麦の花はだいたい白です。それが蕎麦畠一面に咲く様は清々しく美しいために、その白さを蕎麦の精霊と見立てた謡曲があります。

それは信州高遠藩の儒官だった中村元恒（１７７８～１８５１）・元起（１８１０～８４）父子が著した郷土史『蕗原拾葉』に載っている五番謡曲のなかの「蕎麦」です。内容は冷泉家《れいぜいけ》十四代為久（１６８６～１７４１）が霊元上皇から蕎麦切を頂戴したときに献じた「寄蕎麦切恋御歌」に伊那の蕎麦畠に咲く花の精が恋をするというものです。

呉竹の 節の間もさへ 君かそば きり隔つとも 跡社はなれめ

とわまほし そばはなれ得ぬ 俤《きざはし》の 幾度袖を しぼりしるとは

蕎麦の花は雌蕊《めしべ》が長く雄蕊《おしべ》が短い「長柱花《ちょうちゅうか》」と、逆の雌蕊が短く雄蕊が長い「短柱花《たんちゅうか》」があります。受粉は主として虫によって行われますが、同じタイプの花同士では受精されません。そのため蕎麦の結実は稲や麦などよりも難しいのです。

播種《はしゅ》から刈り取りについては、茨城県の「常陸秋そば」という品種の場合で言いますと、だいたい8月20日ごろに播種し、9月16日ごろ開花します。そして10月25日ごろ刈り取ります。もちろん年や気候によって違ってきます。

現在、日本における蕎麦生産量は約３２００トン（平成27年度から30年度の平均）です。道県別では、東日本の８つの道県が上位ですが、なかでも北海道は桁違いに多く、日本の蕎麦需要を支えています（表６）。

なぜ東日本の各県が揃って蕎麦の産地となったかについては、信州大学の井上直人の研究がわかりやすいでしょう。すなわち日照時間が長い西日本はアミロースが多い硬質蕎麦粉、日照時間が短い東日本はタンパク質が多い軟質蕎麦粉だといいます。このうちのタンパク質の多い軟質蕎麦粉を日本人が好むようになったからでしょう。

その他に、日本は約５２０００トン（平成27年度から30年度の平均）を中国・アメリカ・ロシアなどからの輸入に頼っています。ただ日本人は自ら農業に就くことをしないのに、根強い国産信仰をもっています。こうして収穫された秋の新蕎麦は人気があります。しかし蕎麦には「春播《ま》き・夏刈り」と「夏播き・秋刈り」があり、最近は「夏《なつ》新《しん》」と「秋新《あきしん》」が共に供されるようになってきました。ですが、やはり伝統的な秋新は〝旬〟として色・香・味ともに優れているので、至福の蕎麦として蕎《そ》麦人《ばじん》たちの垂涎《すいえん》の的です。

旬とは何かといいますと、魚介野菜などの最も味の良い時季のことでしょうが、魚谷常吉（料理人・茶人・僧侶）は、動物性食物（鳥・獣・魚類）は産卵

表６　都道府県別 蕎麦生産量ベスト８
（一般社団法人 日本蕎麦協会『そばデータブック』より）

順位	道県	収穫量(t)
1	北海道	14,450
2	長野県	2,190
3	茨城県	1,970
4	栃木県	1,770
5	山形県	1,660
6	福島県	1,570
7	福井県	1,370
8	秋田県	1,300
	日本産	計32,000
	輸入品	計52,000

期直前が、植物性食物はその自然の出盛り期の前半期が最も味がよいと説明しています。ただ最近は、動植物の保護ということも考えなければなりません。

『江戸名所図会』を見てみますと、よく季節ごとの遊宴の図が描かれています。正月17日の十八講《じゅうはちこう》（王子金輪寺）、春の汐干《しおひ》（品川）、夏の蓮見（上野不忍池）、夏の八朔《はっさく》（新吉原）、秋の萩（亀戸龍眼寺）、秋の紅葉（品川海晏寺《かいあんじ》）、秋の新蕎麦（深大寺蕎麦）、冬の雪見（富岡八幡二軒茶屋）…といった風です。雪見にいたってはまるで雪味のごとくですが、日本人の伝統的旬志向は、旬の食べ物を四季の景観のなかで楽しむところにあります。

3　変わり蕎麦

蕎麦界においては、《新蕎麦》以外の「季節の蕎麦」というものがあります。それが蕎麦粉に種々の材料（季節物）を混ぜて打った《変わり蕎麦》です。江戸中期ごろから白いさらしな粉が精製されるようになってから、より色鮮やかな《変わり蕎麦》が登場するようになりました。《変わり蕎麦》の正確な始まりは分かりませんが、日本麺食史研究家の新島繁によりますと、《変わり蕎麦》は《雛蕎麦《ひなそば》》に由来するだろうと言っています。

蕎麦切の　一すじのこる　雛の椀　（明和七年『俳諧觽《けい》』）

《雛蕎麦》は最初、《二八蕎麦》が供えられていましたが、3月3日の「重三」に引っ掛けて白（さらしな蕎麦）・赤（海老切）・緑（茶蕎麦）の《三色蕎麦》を供するようになり、それから黒（胡麻切）・黄（卵切）を加えて贅沢な《五色蕎麦》になったようです。江戸の食べ物は1800年ごろから贅沢になり始めていますので、《五色蕎麦》になったのもそのころでしょう。ただし《雛蕎麦》が江戸城中や大名屋敷で供えられた形跡がありませんので、裕福な町人たちが雛祭にわが家の子孫繁栄を願って始めた江戸の町人文化だったということがいえます。

それが現在、種類は増えて次のようなものがよく知られています。

1月　海苔《のり》切、鯛切、烏賊《いか》切
2月　蜜柑切、春菊切、三つ葉切
3月　桜切、芹切、蓬切、貝切
4月　木の芽切、桜海老切、海老切、和布《わかめ》切、鳥切
5月　茶蕎麦、呉汁つなぎ、蕨切、あおさ切、鰹節切
6月　紅切、丁子切、山葵切、雲丹《うに》切
7月　蕎麦萌《もやし》つなぎ、肉桂切、ゆかり切、笹切
8月　山椒切、豆腐つなぎ、茗荷切、鮑《あわび》切
9月　芥子《けし》切、菊切、紫蘇切、生姜《しょうが》切

10月　鬱金《うこん》切、蓮根つなぎ、昆布切
11月　胡桃《くるみ》切、銀杏《ぎんなん》切、木の実切、酒つなぎ
12月　柚子《ゆず》切、唐辛子切、卵《らん》切

なお史料としては、現在「小江戸」とよばれる佐原市の老舗「小堀屋本店」の『秘伝書』が知られているので見せていただきましたところ、そこには驚くことに《泥切《どろぎり》》などが記載されていたことが忘れられません。このように《変わり蕎麦》というのは、蕎麦好きの〝遊び心〟と蕎麦打ち職人の技術が一つとなって創り上げていった日本独自の蕎麦だということがいえるでしょう。

4　年越蕎麦

12月の大晦日、東京の老舗店には年越蕎麦を食べようと長蛇の列が続きます。それはもう東京の大晦日の風物詩であり、日本全体でいえば国民的行事のようになっています。

年越蕎麦の由来には様々な説がありますが、始まりは承天寺（博多）に伝わる話あたりからでしょう。（ⅰ）つまり鎌倉時代のある凶作の年、年を越せない人たちに《蕎麦搔》を振舞ったところ、その翌年が豊作になったため、話を聞いた人たちが蕎麦は縁起がいいとして広まっ

た、と言われていることです。

日本の粉食は円爾が南宋から挽臼を持ち帰ったことから始まったといえます。承天寺はその円爾が帰国して建立した寺ですから、歴史的にはこの承天寺説が一番符号します。

あとは、(ii) 蕎麦という植物は、雨に打たれてもすぐ立ち上がるので、それにあやかりたいとか、(iii) 蕎麦は細く長いため、細く長く生きるとの願いをもってとか、(iv) 金銀細工師が散った金粉を寄せ集めるのに蕎麦粉を使っていたため、金が集まるという縁起を担いで、などがいわれています。

しかし、各地の年越蕎麦の風習はどうでしょうか。そこで『日本の食生活全集』(農山漁村文化協会 刊) に記録されている年越蕎麦のことを整理してみますと、次のようになっています。
①年越蕎麦の風習は表7で示しますように、西高東低の傾向にあります。参考のために、蕎麦の生産量につきまして、各県別の統計を取り始めたころの昭和33~35年度の平均 (表8) を見ますとご覧のとおり、現在 (表6) とかなり違っています。統計をとり始める以前はもっと西日本は多かったと見た方がいいかもしれません。これらから、蕎麦文化が西から東へと伝わったことがうかがい知れるところです。
②地方の場合は、自作の蕎麦を手ずから打った【家庭蕎麦】、汁などは土地あるいはその家庭ならではの《温かい蕎麦》です。つまり、これは商品経済以前の【家庭蕎麦】による年越蕎麦

表7　全国の年越蕎麦の風習（『日本の食生活全集』より抜粋）

佐賀	・女たちが蕎麦を打つ。汁はイリコと醤油、蕎麦に葱を散らしている。蕎麦と鰯の塩焼を皆で食べる。
大分	・新蕎麦を石臼で挽いて蕎麦を打つ。塩鮭・数の子・人参・牛蒡・大根・豆腐・昆布の煮しめ・などの「年取膳」と食べる。 ・12月になると蕎麦を刈取り・脱穀しておく。暮になると石臼で粉に挽く。大晦日に七三の蕎麦を打つ。具は鶏と葱の熱い蕎麦。家族揃って食べる。 ・蕎麦を打って、醤油汁に大根と葱を入れる。白飯と「けんちゃん」（里芋・人参・大根・団子）も作って、家族で食べる。
宮崎	・鯛の煮付、数の子・年越蕎麦・酒・鱠・煮しめのご馳走を家族揃って食べる。蕎麦のかけ汁は鯛の煮汁に、竹輪・蒲鉾・椎茸・大　豆・葱を入れる。 ・家畜の鶏の刺身・煮付（猪の肉・干した筍・人参・蒟蒻・牛蒡など）・煮大豆・数の子・白あえと年越蕎麦を食べる。
鹿児島	・蕎麦切や蕎麦掻や蕎麦団子汁を食べる。蕎麦切は小鳥の出汁に菜の葉・里芋・人参を入れた汁と一緒に煮る。
島根	・長芋を擂り、小麦粉（1割）をつなぎにした蕎麦を円形に延して打つ。小椀に入れ、葱の細切・削り鰹・海苔をかけて紅葉卸とだし汁をかけて食べる。来客には、背後から蕎麦を小椀の中に入れてやって何杯もおかわりして食べさせる。
鳥取	・家族揃って食べる。
山口	・もちもみ板で蕎麦を打ち、汁はイリコ出汁、茹でたほうれん草・牛蒡・葱・油揚・蒲鉾を入れて丼で食べる。鯨肉の混ぜご飯も食べる。
広島	・おじいさんが打つ。蕎麦粉を水で捏ね、さらに三尺×四尺の木の台の上で捏ねる。三尺の延し棒で薄くし、三寸くらいの幅に折り畳み、細く切る。茹でて、水でメる。つゆはジャコ出汁に自家製の2年ものの醤油を使う。薬味は胡麻・葱・生姜を好みで入れ、つゆに付けて食べる。 ・夕方から、蕎麦を打つ。自作の蕎麦を家の石臼で粉にしておく。かけ汁はイリコ出汁、青みは葱。
岡山	・石臼で粉に挽く。十割の蕎麦粉に水を少しずつ入れて真中から混ぜて直径三寸の玉を作る。それを三尺四方のもちもみ板にのせて二尺四寸の麺棒で延す。鉄の三升鍋で茹でる。丼に盛って、イリコ出汁に隠し味ていどの白砂糖を入れて辛めの醤油をかけ、芹・葱・陳皮の微塵切をのせて食べる。
香川	・姑と嫁が蕎麦打つ。
兵庫	・夜飯後に除夜の鐘を聞きながら、揚げ・豆腐・茸・牛蒡の入った汁蕎麦を食べる。 ・季節になると蕎麦粉を挽いて準備しておく。湯で捏ねて蕎麦を打ち、揚げ・豆腐・茸・牛蒡の入った汁蕎麦にして除夜の鐘を聞きながら食べる。
岐阜	・自作の蕎麦で打つ。醤油に油揚げの入った汁で食べる。
茨城	・暮になると石臼で粉に挽いておく。煮豆・きんぴら牛蒡などで「けんちん汁」を作っておき、蕎麦を入れて食べる。家畜の鶏を絞めて鶏蕎麦にすることもある。
埼玉	・店の仕事が終わった12時ごろ、乾麺を茹で、家族・奉公人が一緒になって食べる。薬味は葱、ほうれん草も添える。
東京都下	・蕎麦は卵を入れて打ち、汁には油揚を入れる。茹でた菜っぱと薬味の葱を添える。お酒を一本つけて食べ、家族そろって除夜の鐘を聞く。
東京都内	・仕事を終え、一杯やってから蕎麦屋から《もり蕎麦》を届けさせて食べる。 ・夕食後、しばらくして蕎麦屋に《もり蕎麦》を届けさせて食べる。除夜の鐘が鳴りだしたら、初詣に行く。

の風習が見られます。
③ただし、東京都内だけが蕎麦屋からの出前の《もり蕎麦》で年越ししています。それは蕎麦屋という商売が江戸で始まり、都内には蕎麦屋が多かったからにほかありません。つまり、これは商品経済化がかなり進んでいた江戸ならではの【蕎麦屋蕎麦】による年越蕎麦の風習だということがいえます。なお、出前というのは料理を配達して客前に出すことです。したがって客と店の間には馴染みという信頼関係のあることが、今のデリバリーと違うところです。また、都内の場合は年越蕎麦を食べてから、初詣に行っています。なので都内の年越蕎麦は元日につながる行事になって今に続いているわけです。
④地方も東京も家族揃って食べることが約束事のようになっています。これが年越蕎麦の意義です。そもそも〝揃って〟食べるということは、人類が火の周りに集まったころや料理を始めたころから覚えた共存法です。その遺産が共食《きょうしょく》という形をとっているのだと思われます。とにかく、それらの由来や、都内や地方の実態も、年越蕎麦は民間行事でありますからどれも正

表8　都道府県別 蕎麦生産量昭和33～35年度の平均ベスト8

順	道県	生産量（t）
1	北海道	12,270
2	鹿児島県	11,160
3	宮崎県	3,600
4	茨城県	2,800
5	青森県	2,170
6	岩手県	1,740
7	長野県	1,510
8	福島県	1,220
8	熊本県	1,220
	日本計	52,000

しいのです。一ついえば「細く長く」がなぜいいのか？　それはもう理屈ではなく、縁起がいいというのが前提となっているところが、わたしたち日本の文化なのです。それを含めて年越蕎麦は日本人が家族でつくり上げたゆるぎない伝統文化ですから、これからも末永く大事にしていくことが日本の蕎麦文化を継承していくことにつながることだと思います。

5　蕎麦会

秋の《新蕎麦》にあわせた名月の観賞会も風流人たちの憧れの的でした。

近代蕎麦史のなかでもっとも有名な名月蕎麦会は、1929年（昭和4年）ごろから開催されていた高級蕎麦屋「日月庵やぶ忠」の2階での蕎麦会です。そこは入口に行燈があって、植木に囲まれた大隈重信贔屓《びいき》の高級蕎麦屋でした。

企画したのは文士の高岸拓川と神代種亮。蕎麦は店主の村瀬忠太郎（1862〜1938）が打ちます。忠太郎は昔風の蕎麦を愛する蕎麦打ち名人でした。集まった面々は石井研堂、幸田露伴、上田万年、豊島与志雄、佐藤春夫、久保田万太郎、獅子文六らの文士たちです。日本の文人たちは江戸の昔から蕎麦好きが多かったのですが、それはおそらく中国の文人たちが作った詩の影響からでしょう。「やぶ忠」の蕎麦会では、鮎やお酒が供され、忠太郎が得意とした季節の《変わり蕎麦》も供されたでしょう。もちろん最後は《新蕎麦》で締められました。

こうした料理と酒の会には「御献立」があります。余談ですが、天皇の料理番だった秋山徳蔵によりますと、「御献立」は漢字、フランス語、英語で書くのが慣わしだといいます。「フランス語・英語で」というのは、明治政府の欧化方針から格式が高い語を使おうということでしょう。「漢字で」というのは、元々日本には「漢字が高級な分野を担当する」（柳父 章『近代日本語の思想』）という文化があったからです。

そのうえに「御献立」というのは見るものですから、〝見る文字〟である漢字で表記するのは当然です。対して店に掲示してある「お品書」は子供でも読めるようにひらがなが多くなっています。「お品書」の目的は注文するところにありますから、〝話し言葉〟つまり「かな」で表現するのは自然なのです。そういえば、「中華麺」をたまに「中華そば」と言う人いますが、小麦の麺を「蕎麦＝ｂｕｃｋｗｅａｔ」のように言うのはあまり好ましくありません。

話を戻しまして、この蕎麦会はもともと昔風の蕎麦を愛する拓川が浅草の名店「萬盛庵」で奥山会というのを主催していました。しかし都合で「萬盛庵」が閉店したため「やぶ忠」に変わったのです。名店「並木藪」の堀田平八郎は、蕎麦は「はじめから趣味的要素が非常に強かった」と言っていますが、拓川の思いと忠太郎の名人魂は呼応して、蕎麦会は趣味性の高い格調あるものでした。後に、拓川は当時まだ若者だった片倉康雄（後の「一茶庵」の創業者）を名人忠太郎に引き合わせました。それがきっかけとなって片倉康雄は手打ちに邁進《まいしん》し、結果として忠太郎の思いを継ぐことになったのです。片倉は後に「蕎聖《きょうせい》」とよばれるようにまでなりましたが、拓川がいなければ今の「一茶庵」系の蕎麦屋は誕生しなかったことになります。日本蕎麦史としては大きな出会いになったと思います。

なお、その高岸拓川（１８６８〜１９６３）は今、足立の薬王院に眠っています。片倉康雄を「大旦那さん」と言って仰いでいる菅野成雄（浅草「蕎亭大黒屋」）は、命日に拓川の墓に花を手向けているとのことです。

また、拓川らの名月蕎麦会につきましては作家の獅子文六が、「萬盛庵」につきましては女優の沢村貞子が書き残しています。

それから、資料には「やぶ忠」と「藪忠」の二つの字が掲載されていますので、「どちらが正しいのだろう」と思いまして、筆者が村瀬忠太郎の孫である村瀬栄一の協力を得て調べましたところ、忠太郎は養子忠一郎に「やぶ忠」（東京・滝野川中里１９９番地）を譲り、その後に娘の春代夫婦に「藪忠」（西ヶ原１００番地）を持たせていたことが判明しました。その娘春代の子が栄一です。以上のことを余談として付け加えておきます。

第18章　希望の日本蕎麦

振り返りますと、室町時代に和食が誕生したのは、足利義満が〝都市文化〟ということに目を付けたことによります。その室町都市文化の担い手は上層階級の武士でした。かれらは集会の場において能・華道・茶道・料理会などを催し、互に刺激し合いながら、その道を磨き高めていきました。これが日本初の都市文化（京）になったのです。

続く江戸時代には、世界に例のない参勤交代制度などによって人々が江戸に集中し、18世紀初頭の人口は100万人を越えるまで膨れ上がりました。内訳は武士などの支配者層が約六割を占め、残りが商人、職人、農漁夫などの被支配者層でした。武士たちは精神的には武士道を失ってはいませんでしたが、職業は官僚・役人であり、経済的には消費者の立場でした。その消費を支えたのは江戸および地方の被支配者層の人たちです。全国の大城下町になった大江戸は米、麦、塩、味噌、醤油などの流通が盛んになり、地方とは比較にならないほどの一大消費都市になったのです。言い換えますと、江戸は「地方からの搾取」で成り立っていたともいえます。

そんななかから、台頭してきたのが上層階級の町人たちです。かれらはたいていが元武士でしたから、教養があり、俳諧・川柳・江戸料理・蕎麦会などを楽しみ、江戸文化を牽引していきました。これが京に継ぐ第二の都市文化（江戸）となったのです。

江戸料理におきましては、料理人たちは本場産の季節物のなかからとくに姿と味の良い食材を選び、上等の鰹節、醤油、砂糖を使って、俎板《まないた》から庖丁までを充分に気を付けて料理し、なおもでき上がった物の中から二つ三つだけを盛り付けたものを「生粋の江戸料理」（栗山善四郎『江戸流行 料理通』）とよんでいました。

また【江戸蕎麦】も江戸中期ごろに完成し、盛んになっていました。そして江戸後期になると、江戸で生まれた《しっぽく蕎麦》《はなまき蕎麦》《ざる蕎麦》《かけ蕎麦》《更科蕎麦》《きつね蕎麦》《鴨なんばん》《天ぷら蕎麦》《あられ蕎麦》《穴子なんばん》《おかめ蕎麦》など一品料理が広く町方たちに支持されるようになりました。

一方では高級の「御前生蕎麦《ごぜんきそば》」「大名蕎麦」を得意とする名店も繁盛していました。先述の堀田平八郎は、趣味蕎麦の古い伝統を守っている格式高い蕎麦屋は、よく吟味した最高の蕎麦粉を使い、調理の仕方も昔ながらの家伝を守り、決して手抜きなどしないし、厳しい店主が隅々まで目を光らせていたから、供する蕎麦もおのずから格調高いものになったと言っていますが、当時の一流の蕎麦屋はだいたいそうでした。その手の高級蕎麦屋の名前は、たとえば広重が描く『名所江戸百景』の日本橋の「東橋庵」、あるいは鹿島萬兵衛著の『江戸の夕栄』、高村光雲の話（子母澤寛『味覚極楽』）など多くの史料に残されています。他にも蛸《たこ》・長芋・蓮根などの煮物や穴子鍋、泥鰌《どじょう》鍋に酒という店も多々見られ、江戸には多彩な蕎麦屋が存在していました。

したがいまして、江戸蕎麦はいわゆる〝粋〟な町方蕎麦だけとはかぎりませんでした。武士や上層階級の町民たちは町方の粋とは違う蕎麦を味わっていました。たまたま九鬼周造は、粋に類似する言葉として〝上品〟と〝渋み〟を挙げていますが、今に伝わっています「江戸料理」においてもそのような風味があります。

このうちの〝渋〟というのは日本独特の感覚です。始まりは渋柿やお茶に由来します。栄西が茶を導入した最初のころ、それは中国嗜好の〝苦い〟飲み物でした。しかし禅宗の〝寂《さ》び〟と利休の〝侘《わ》び〟が関わりますと、淡泊な和食に合うお茶として、苦味のなかにほんのりとしたあま味を感じる〝渋味〟のあるものが好まれるようになりました。そんなところから江戸初期・中期ごろ「渋さ、渋し、渋き、渋み」などの味覚・視覚表現の言葉が生まれたと柳宗悦《やなぎむねよし》が述べています。ただ蕎麦に渋さや渋みの雰囲気はありますが〝渋味〟はありません。

このように〝渋〟からは多様な言葉が生まれていますが、〝粋〟にはそれがありません。それは粋が町方の一部の言葉であったことによる限界なのかもしれません。この一部というのは、「20：60：20」のマーケティング論（20％の層が市場をリードする層、60％がそれについていく層、残りの20％は動かない層、という考え方）から見ますと、粋な蕎麦を好んでいた町方はおそらく町人のなかでも20％にも満たない数だったというのが、江戸の粋の世界の実態だと思います。このように、町方の間で粋な蕎麦は存在していましたが、武士人口の多い江戸で、それだけだったとはいえないと思います。実際は多彩な蕎麦があったとみるべきでしょう。ただ、作家の山崎正和は江戸町人文化にはやや田舎臭さがあるといっています。それゆえに蕎麦が全体的には段々と庶民化の道を歩むのは避けられませんでした。現に江戸末期になりますと、蕎麦はますます人気が広がって夜鷹蕎麦などの屋台まで登場して町方蕎麦は庶民化・俗化していきました。

寺門静軒《てらかどせいけん》（1798〜1868）の『江戸繁昌記《はんじょうき》』によりますと、一般的な蕎麦屋というのは昼夜《二八蕎麦》や《手打ち蕎麦（十割蕎麦）》を商っていました。ところが、それらの蕎麦屋が店を閉めた夜10時ごろになりますと、風鈴をつけて荷を担って、下等の蕎麦を商う屋台の蕎麦屋があったといいます。これが夜鷹蕎麦です。主に本所吉田町の下の下の女郎だけを相手に商っていたと解説しています。これが〝俗化〟の第一段階ですが、とても蕎麦とはいえない蕎麦を商っていたので、こっそり風鈴で知らせていたともいわれています。

さて、日本では幕末に明治維新が起きました。維新を一言でいえば〝江戸〟の消滅です。今までいた武士や上級の町民層がいなくなったのです。残ったのは庶民と、代わって成り上がってきた新指導者層でした。かれらは所詮辺境（薩摩島津藩、土佐山内藩、肥前鍋島藩、長州毛利藩）の下級武士です。地方でも上級武士たちの知識や能力は優れていましたが、幕末の下級武士たちは血気だけが盛んな輩でした。維新の血気といいますのは「朝廷と舶来崇拝」志向のことです。下級武士たちはこれまでの江戸文化にはなかった「朝廷と舶来志向」で逆襲したわけです。それが維新です。そして新政府は日本が植民地化されることを避けるために、西欧列強並みの強国の道へと舵を切りました。これがいわゆる欧化政策です。政策自体はこのような選択もあったかもしれません。ところが、これによって世間では単純に「舶来品はハイカラ、日本伝統物は野蛮」と認識されるようになりました。たとえば洋服を着ているだけで尊敬され、和服を着ている者は「古い」と蔑視され、「伝統」は古くて価値がないという判断基準が生まれました。

元々田舎者であった新支配者たちには江戸の精神文化なぞ端から理解する能力はありませんでしたし、あったとしても徳川文化を否定するのがかれらの任務でした。その一つとして、江戸は〝東京〟と改名され、中心的商業地は江戸日本橋から東京銀座に移り、過去の江戸文化は衰退を余儀なくされるのでした。当然、蕎麦のみならず、和食文化の地位は低くなっていきました。明治とはそういう時代でした。

こうした時代背景から、かつては「江戸を盛美とする」と謳歌した江戸蕎麦がそのまま生き残れるはずがありません。明治維新以降、平民庶民の行動は自由になり、蕎麦屋は庶民の需要に応えて腹を満たす食堂へと変身しなければならなくなって、品書には丼物まで列記されるようになりました。これも俗化でした。なぜ俗化がいけないかといいますと、美が崩れるからです。美といえばいいすぎだとすれば、良さが失われました。美や良さのなかには伝統もあります。そうしたものが軽蔑され、目の前のことだけに目を奪われるようになったのです。

それでも、明治の欧化は真似事でしたから、まだ明治人の精神は江戸時代の国学や漢学に鍛えられた教養と品格を保持していました。

しかし、続く大正時代になりますと、真似事であるはずの欧化が日本人の身に付き始めました。当然です。衣食住は相互に関連して変わっていくものです。そのため明治までは微かに保たれていた日本の良さは失われゆくことになりますが、それも止むを得ません。これが欧化の道なのです。

蕎麦業界では、製麺機導入が一般的になりました。品書にはカレー南ばん、親子丼、天丼、支那そば、かつ丼、カレーライスが並びました。また関東大震災後から店内の上がり框《かまち》は卓・椅子へ変わっていきました。

しかしながら、このような新風潮に「蕎麦はなぜ昔に還らぬかとつくづく悲哀を感じ」(昭和5年刊『そば通の本』)ていた男がいました。それが先述の村瀬忠太郎です。忠太郎の歎きは、さながら親鸞の死後に現れた異説を歎き、親鸞の正意を伝えようとした求道者唯円《ゆいえん》(『歎異抄《たんにしょう》』の著者)のようであったのかもしれません。

歴史にはこのような人物の登場が必要でしょう。そこへ昔風の蕎麦を好む高岸拓川《たくせん》が加わりました。かれに「やぶ忠」を紹介したのは、川柳界の重鎮・近藤飴ン坊《あめんぼう》という文士仲間だったといいます。これが村瀬と高岸との運命の出会いとなりました。

村瀬忠太郎は赤坂新町「美濃屋養老庵」の2代目として安政6年に生まれた人です。父親は美濃石垣藩の武士でした。それが麹町の「瓢簞《ひょうたん》屋」で修業し、蕎麦屋を開業したのです。そういう縁ですから「美濃屋」が打つ蕎麦は大名蕎麦でした。松平出羽守、吉川監物、毛利淡路守、谷大膳大夫、岡部筑前守などの屋敷へ、なずな切、若草切、荒磯切、木の芽切、芥子切、菊切、芋切、茶蕎麦、蜜柑切、らん切、鯛切、海老切、貝切、五色蕎麦など《変わり蕎麦》を届けていましたと思われます。

その大名蕎麦系を継ぐ忠太郎の蕎麦は町方の〝粋〟ではなかったはずです。それゆえに、名人忠太郎の蕎麦会に集まった文士たちも蕎麦のもつ〝渋さ〟と、先に述べた〝涼味〟を賞味していたのでしょう。また、この村瀬忠太郎のあとに続いた弟子の片倉康雄は、大衆化に抵抗して昔風の伝統を守ることで蕎麦界に革命を起すことに成功しました。片倉に村瀬を紹介したのは高岸です。ここで村瀬の思いは片倉に伝わることになるのですが、片倉康雄の革命のポイントはどこにあったのか。それを孫にあたる片倉英統《ひでのり》に尋ねますと、「教室である」との即答が返ってきました。

康雄は、1970年（昭和45年）に設立した「友蕎子そば研修所」（太田市）を皮切りに、1972年（昭和47年）は多田鐵之助とともに上野の東天紅料理学苑で「日本そば大学講座」を開講し、続いて1975年（昭和50年）に「片倉友蕎子そば教室」（東京中野区）を開きました。これらの教室講座が「一茶庵」ならではの特色です。

今まで業界の暖簾は一子相伝にちかい形で引き継がれてきましたが、片倉の教室はそれを壊すダイナミックなシステムだったのです。

現在、片倉英統は祖父片倉康雄の遺志をよく守り、「一茶庵手打そば教室」（横浜市）で育成指導を行っています。ただ、ここで付け加えておきたいことは、村瀬忠太郎と片倉康雄の時代背景は急な下り坂と急な上り坂ぐらいの相違があったことです。忠太郎が歎きつつ『そば通の本』を出したころは、昭和4年に世界大恐慌が起きて、昭和6年は軍部の暴走による満州事変が勃発した時代です。出版することさえ難しい時代だったでしょう。

それに引き換え、片倉康雄が「日本そば大学講座」を開講したときは、沖縄が日本に返還され、日本と中国は国交が回復、日本が自信と希望をもち始めた時代でした。ですから、村瀬忠太郎は知る人ぞ知る的な存在でしたが、片倉の考え方は広く世間に支持されました。

現在、一茶庵系と呼ばれる蕎麦屋さんは全国1000軒を大きく上回るといわれています。その最初のころの卒業生の一人である名店「車屋」の小川修は「蕎麦は民芸品に堕ちてはいけない」と筆者に言ったことがあります。民芸品には見事な無銘品と俗化した無名品がありますが、後者になってはならないという意味でしょう。

むろん、時代を牽引しているのは一茶庵ばかりではありません。砂場、更科、藪、長寿庵、尾張屋など江戸時代からの老舗店も誇りを賭けて、蕎麦界の大黒柱であり続けています。そこが日本の凄いところです。

しかし、高度成長期ごろから、都市では麺類を含めたファストフード化が見られるようになりました。歴史的には早くから「駅そば・うどん」店というのがありましたが、ここにきて山田うどん、札幌ラーメン、どさん子、王将、梅もとなどがチェーン展開を見せ、また讃岐うどんが連絡船デッキで立喰い（1970年）を始めました。その後、麺類外で外資系のミスタードーナツ、マグドナルド、ケンタッキーフライドチキン、モスバーガーなどが上陸、さらには1974年に「小諸そば」がファストフード界に新規参入しました。

こうして始まった、いつでも、どこでも同じ味のファストフードと、即席麺（1958年チキンラーメン、1971年カップヌードル）などは、日本人がもっていた食における行儀の良さを破壊しつつ、食の解放感をもたらし、支流であっても庶民に受けて大きな流れとなりました。これを幕末の「屋台」にたとえる人がいますが、江戸の片隅で営んでいた小さな屋台は大量生産食品にあらずして、その味は各屋台によって違っていたことを忘れてはなりません。ともかく、ファストフードはまるで〝宇宙食〟のような未来性を与えるようなところもありますが、自由さゆえに個食（孤食）を誘い、また単純で均一味のその食べ物は個々人のもつ味覚を無知化するようなところがありました。

しかし、一方では東京には夢がありました。その夢を実現するために脱サラして開業する人たちが出てきました（1970年代）。それはたいてい珈琲専門店や手打ち蕎麦店でした。かれらは好きでその道に入っただけに、誰よりも珈琲や蕎麦を愛していました。その姿は昔の職人気質に似ています。もともと「手打ち蕎麦」の語源は「手《て》ずから＝自ら打つ」、つまりお持て成しの意味をもっています。ですから、かれらが一所懸命になって自ら作った蕎麦や珈琲は手作り感を満喫させる味でした。なかでも蕎麦の道《みち》の追究者高橋邦雄（「翁」「達磨」）、蕎麦界のアーティスト阿部孝雄（「竹やぶ」）、美食の探究者細川貴志（「ほそ川」）らは手打ち蕎麦で自分を表現することに成功しました。かれらはこれまでの「暖簾の味」文化を「人の味」文化に変えたのです。その後もかれらに続いて多くの若者たちが自立して、日本の蕎麦を追求するようになり、現在にいたっています。

そして、この約10年…、蕎麦と蕎麦屋はさらに変わってきました。

その変化は、ミシュランなどの著名ガイドブックや『蕎麦春秋』などの情報誌の活躍によって、店が切磋琢磨してきたところが大きいでしょう。メディアは供給者と客を結ぶ大事な十字路です。江戸中期ごろの江戸料理や江戸四大食が栄えたのも、近代においてフランス料理が世界一になったのも、この三者機能が好回転したからです。

お蔭さまで、「最近の店は清潔で、お料理＋お酒＋お蕎麦が美味しい」という声が女性のなかから多く出ています。蕎麦麺は大昔に遡って十割が好まれるようになりました。蕎麦粉は産地別品種や在来種に人気が出てきました。そうしたことから蕎麦職人たちは自らも蕎麦畠へ出かけるようになりました。打ち方、茹で方の以前の、蕎麦の実の収穫時期、乾燥の仕方、製粉の技術でさらに美味しい蕎麦を目指すようになりました。昔流の江戸蕎麦の楽しみ、つまり〝腰〟や〝喉越し〟の良さという物理的おいしさにに加えて、蕎麦そのものの〝味〟を楽しむという新たな段階に入ってきたのです。そのうえで昔からの《新蕎麦》や伝統的な《変わり蕎麦》や《年越蕎麦》など季節を大切にする慣習は今も守られています。一方では蕎麦つゆにトマト汁やオリーブオイルや塩などを試すところも一部で出てきました。蕎麦湯は蕎麦粉を加えて新たなものに作り上げ、よりおいしくなったりしています。料理の食材も多彩になりました。様々な魚や肉も使われるようになりました。日本各地の銘酒やワインも揃っています。また店主が和食や精進料理などを修業し、さらにおいしさを追求するようになりました。

器は作家物が見られるようになりました。店の設計にも関心がもたれるようになり、禁煙は当然として、卓・椅子はゆとりある配置になってきました。また店は地域と共にあると頑張っている人もいます。無農薬や環境保護運動に熱心な人も見られるようになりました。蕎麦の栄養、食の衛生管理や安全性、あるいは蕎麦店経営学に関心を示す人たちも増えてきました。こうして、街には江戸から続く老舗を先頭にして、気軽に入れて、飽きないおいしさを提供し続ける蕎麦屋、小さくても独創的な店、蕎麦創作料理の店、あるいは正統な昼餐《ちゅうさん》、晩餐《ばんさん》の店などが増えて、今の蕎麦屋は和食屋の代表的存在となった感であります。

以上、中国大陸から伝来した蕎麦が、室町時代の京で【寺方蕎麦】となり、さらに江戸で世界で唯一無二の【江戸蕎麦】として完成した日本の蕎麦の物語です。

そこで、最後に明日の日本の蕎麦文化について少しふれておきたいと思います。

これまで見てきましたように、京・江戸伝統の和食や蕎麦は、〝商売〟と〝文化〟の両面を持ち併せています。

【和食・蕎麦＝商売×文化】

その文化というのは歴史、地域、仲間たちの、その活動から生まれ育ち、培養化され、洗練されていくものでしょう。したがいまして文化には個々によって違いがあります。そうであっても、これまでフランス料理やイタリア料理、また日本の天麩羅、握寿司《にぎりずし》、さらには蕎麦などの麺類も、自国だけではなく世界食へと広がりを見せています。

このように文化には浸透力というものがあります。またわたしたちの先達《せんだつ》も日本独自の精神文化を大きく世界に発信した実績をもっています。

たとえば、明治32年（１８９９年）に新渡戸稲造（37歳）が『武士道』を、明治39年（１９

06年）に岡倉天心（43歳）が『茶の本』を、大正15年（1926年）に九鬼周造（38歳）が『「いき」の構造』を、昭和19年（1944年）に鈴木大拙（74歳）が『日本的霊性』を上梓しました。その結果、世界茶道や世界禅が生まれました。先達の業績には、日本文化（食文化も）がなおも日本に根付いていて、そしてその独自性が世界天下のものになるよう粘るのだというメッセージが感じられます。

一方では、違った話があります。かつてのイギリスの料理です。かつてはイギリス料理もおいしかったそうです。しかし産業革命後の富豪たちは外国のシェフを雇って外国の料理ばかりを採り入れ、自国の料理文化を顧みなかったそうです。そのためにイギリスの料理文化は廃れ、不味いイギリス料理に堕ちてしまったと聞いています。その点、日本はまだ和食文化を捨ててはいません。先に述べました江戸前の握寿司（〝郷土食〟）は〝日本の寿司〟となり、今や世界の人々が楽しむ寿司、すなわち〝世界食〟へと発展しています。

また他方では、「食の安全性」とか「食品ロス」などわれわれ人類が共有すべき〝世界文化〟というものが形成されつつあります。

どうやら今は、①〝個々の文化〟を世界天下のものにするということと、②最初から人類共通の〝世界文化〟を年頭におくべきだということの、両輪があるように思えます。③もちろん郷土食・伝統食をそのままで保存したいということもあります。ただ、世界という視点にたった場合、これからの日本の蕎麦は、①と②の両輪に希望をもって進めていってもらいたいものです。その暁には、日本に蕎麦が在ってよかったといわれる日が必ずくるものと思います。

文献・参考資料

・ＮＨＫ『人類誕生』
・オリエント博物館
・大西近江「栽培ソバの野生祖先種を求めて―栽培ソバは中国西南部三江地域で起原した―」（『ヒマラヤ学誌』ＮＯ19）
・大岡信・谷川俊太郎『詩の誕生』（岩波文庫）
・後藤健「新疆の青銅器～初期鉄器時代における地域文化の研究」
・吉田順一「モンゴル人の農耕」（『内陸アジア史研究』31）
・ほしひかる「紫禁城の夜明け～小説『韃靼漂流記』～」（『日本蕎麦新聞』）
・坂本一敏著『中国麺食い紀行』（２００１年刊）
・後藤直「日韓出土の植物遺体」（『日韓交渉の考古学 弥生時代編』）
・ほしひかる「日本の麺は留学僧・円爾によってもたらされた」（『蕎麦春秋』ＶＯＬ51）
・大阪府教育委員会「神並・西ノ辻・鬼虎川遺跡発掘調査整理概要・Ⅱ・Ⅳ」
・伊藤汎『つるつる物語』（築地書館）
・ほしひかる「小説『四條流庖丁書』」（日本蕎麦新聞）
・四條隆彦『四條司家直伝 日本料理作法』（小学館）
・関康男「信州そば雑考」（長野第１６７号）
・小林計一郎「天正二年のソバキリの記事」（長野第１６８号）
・浄戒山定勝禅寺『定勝寺』（定勝寺）
・ほしひかる「蕎麦切発祥伝説の地 天目山栖雲寺で蕎麦奉納」（『蕎麦春秋』ＶＯＬ34）

・林観照校訂『慈性日記』（続群書類従完成会）
・藤原隆昌・隆章画『慕帰絵詞』（続日本絵巻大成）
・堀杏庵『中山日録』（近世紀行日記文学集成）
・作者不詳『料理物語』（教育社新書）
・人見必大『本朝食鑑』（東洋文庫）
・北尾重政絵『絵本 浅紫』（原データ東北大学　狩野文庫画像データベース）
・喜多川守貞『近世風俗志』（岩波文庫）
・長谷川雪旦絵『深大寺蕎麦』（ちくま文庫）
・山本おさむ『そばもん』（小学館）
・大岡玲『日本グルメ語辞典』（小学館）
・大日方洋・唐沢秀行・村山敏「ソバの客観的評価法について」
・ほしひかる「サンフランシスコの咸臨丸」（日本蕎麦新聞）
・ほしひかる「万延元年の遣米使節団」（日本蕎麦新聞）
・ほしひかる「小説『特命全権大使米欧回覧実記』」（日本蕎麦新聞）
・『天衣粉上野初花』（黙阿弥全集第16巻）
・原案：冷泉為久・中村元恒元起、企画：ほしひかる、構成作曲演奏：川嶋信子による琵琶曲「蕎麦の花」が創作され、江戸ソバリエ・シンポジウムにて演奏された。
・ほしひかる「『日月庵 やぶ忠』物語」（『蕎麦春秋』ＶＯＬ36）
・上野敏彦『そば打ち一代』（平凡社）
・東京都麺類協同組合『百年史』

あとがき

日本は2011年3月11日に東日本大震災という未曽有の災害に襲われました。その後も「これまでに経験したことのない…」と言われるような巨大な台風や大雨の襲来が常態化しています。

加えまして、この原稿を書き上げた2020年3月ごろから、COVID-19という未知の感染症が地球上で同時に猛威を振い始めました。この新型コロナ・ウイルスの怖さは、感染を避けるために家族や仲間が入院患者を見舞うこともできず、また亡くなったときは葬式も出せないという、まさに哲学者ジョルジョ・アガンベンの言う「死者の権利」をも奪うようなところにあります。

もちろん今までも悲惨な自然災害や疫病は地球上に度々襲って来ていました。ところがグローバル時代となった近年は〝世界同時性〟という要素が加わっています。そうしたことから、地球規模の災害や疫病は人類の文明をレントゲンにかけているとの見方も出てきました。無論これまでもそのような意見はありました。地球上には人類も動植物類も細菌類も自然環境も生きているから、21世紀はもう地球全体を一つの「地球船」と考えるべきだというわけです。

さて、この度のCOVID-19禍において、わたしたち日本人は初の緊急事態宣言の下（2020年4月7日〜5月25日）、「自粛」という名の下に、移動の自由と人との親密な接触を禁じられました。言い換えますと、人間の感覚のうちで心に関係する触感を封鎖され、人間にとって最も大切な愛情表現を認められない状態が強いられたわけです。このような日々でも当然食だけは必要ですが、そこでは次のような動きが見られました。

日常の食料品の買い物だけは許されたので、人々は食料品スーパーに出かけて家庭料理を口にすることが多くなりました。また高級レストランの楽しみはお預けになりましたが、近所の個人食堂は細々ながら開いているところもありました。ビジネス街ではテイクアウト弁当や宅配食を頼む人がいました。

そのような2ケ月の非人間的・非社会的な実験生活から、次のことが見えてきました。食関係の業種としましては、食料品スーパーが一番頼りになるものでした。外食店の経営ということでは、固定客と家族経営と自宅店舗で成り立つ近所の個人食堂は何とか開店していましたが、繁華街の主役として街を盛り立てていた有名店は、お客の激減と家賃などの資金繰りに苦しみ、経営の基本ということを考えさせられました。また老舗・名店の料理人も応急手当的にテイクアウト弁当作りを始めました。それは老舗のサービスと時間と雰囲気という〝文化の消失〟を招くものでした。さらにテイクアウト弁当の容器残骸は数日すると山のように溜まってマンションの管理人さんやゴミ収集員の人たちは手を休められず、プラスチックフリーの生活と逆行してしまうことになりました。それに自らは動かずに宅配業を頼った場合も、結局は誰かが二酸化炭素を吐きながら運搬することには変わりがありませんでした。また売上速報ではコンビニの客足は減少したといいます。前の大震災ではインスタント食品などに臨時的に助けられました。しかしこの度のような文明の問題になりますと、産業の分業システムや、便利さを謳った消費者のコンビニ文化そのものに疑問がわきはじめています。

ただ良い面もありました。近くの公園に行けば、家族団欒を楽しむ若夫婦と身体中で嬉しさを表している幼児たちの姿がありました。さらに経済活動が抑制されていたせいか食品ロスがかなり抑制され、青空と星空が戻ったようです。

他方では、オンラインとか、テレワークが話題になりました。5Gになればさらに遠隔通信が可能となるといいます。しかし教育現場から、画像は情緒の面から問題があるという教育にとって最も基本的な意見が漏れてきましたし、会議で必要な議論が深まらないという声が出ています。また在宅勤務においては長時間労働やストレスなどの問題も出始めました。しかしこれらはツールによるコミュニケーションの当然の欠点です。対面による五感情報には及びません。また機械化の目的は効率によって資本の増殖を図るためであって、人間を楽にするためのものではないと昔からいわれています。それでも現段階ではオンライン化は企業・組織の効率要求と、そのことによって自由度満足が一致するという人たちの間では、アンコンタクト化の関係へと向かっていくだろうといわれています。

しかしながら、この業務の効率と個人の自由というのはまさに過去のコンセプトの延長でしかありません。つまり技術・経済至上主義と人間中心主義であることに他ならないのです。言い換えますと、今後は合理性とか便利さの追求だけでいいのですか！　ということになります。どうやら、ポスト・コロナの視点はここら辺にありそうです。そう考えますと、これまでのように人間中心主義だけではすまされなくなります。人間の自由ということだけを求めるわけにはいかないのです。それよりもっと大事なのはわたしたちの〝地球〟ということになります。『サピエンス史』の著者ユヴァ・ノア・ハラリは、農業革命によって人類は人間を支配するようになり、科学革命によって人類は地球を支配するようになったと述べています。その結果としてこの度のコロナ・パンデミックは起きたというのです。そうしますと、これからは健康な地球上で、人間の幸せを求めなければならないでしょう。言葉を換えますと、地球の健康なくして、人類の幸福はないということです。

そのためには、アダム・スミスの基本に戻って、生産や消費に〝倫理性〟を導入することも一つでしょう。もちろん倫理と経済という二極の架け橋はそう簡単ではありません。つまり利己的な経済合理性と利他的な動機の合意のノウハウが確立されていないからです。しかし、だからこそ今が真剣になるときです。前の、東日本大震災の後でも文明を見直すべきだという議論がもち上がりましたが、そのうちに記憶も反省も水に流されるようにして現状に戻ってしまいました。だから、今度こそなのです。

14世紀のペスト後に「ルネッサンス」という新しい扉が開きましたように、新型コロナ後の新しい扉は〝地球〟です。こうしたとき、古代から森羅万象に神宿るとしてきました〝和の自然観〟や仏教における〝忘己利他〟の思想が活きてくるでしょう。ただし、それらは思想であって、実効性がありません。

そこで参考になるのが、先述の明治以後の先達の架け橋的な粘りではないでしょうか。新渡戸稲造は妻のメアリー・エルキントンに満足な答えを与えようとして『武士道』を書き、鈴木大拙が日本文化を世界に伝える使命があると考えたのもピアトリス・アースキン・レーンとの結婚により英語が日常生活の言葉となったところが大きいでしょう。また岡倉天心や九鬼周造は外国生活の中で日本文化に目覚めています。

ふるさとの「粋」に似る香を 春の夜の ルネが姿に 嗅ぐ心かな（九鬼周造）

こうした日本人の粘りを核に、〝地球文化〟というものを育くむことが必要なのかもしれません。食におきましても、これまでは人間だけが楽しむ〝世界食〟でした。しかし今のままでは地球が滅びかねません。これからはそこに母なる地球の健康を念頭にした〝地球食〟という概念をもたなければならないでしょう。

【世界食＋地球の健康＝地球食】

その上で人間が人間として、よりよく生きることを目標にし、経済や技術などはその手段としてのみ考えていきたいなと思います。

そのためには、地球第一、世界平和の下、魅力ある日本が、夢のある東京が、食の世界を心豊かに導くよう、みんなと協力し合っていきましょう。

= **Better Living as Human** =

２０２０年12月

●著者紹介

ほし　ひかる

1944年生、佐賀市出身。製薬会社、およびにその関連の医療情報会社の常務、健康商品会社の代表取締役。退社後は広報関係会社、化粧品会社の顧問。現在は特定非営利活動法人江戸ソバリエ協会を自ら設立、理事長。他に、深大寺そば学院講師、武蔵の国そば打ち名人戦の審査員、朝日カルチャー・日本橋高島屋のセミナ講師や、雑誌のエッセイ連載などで活躍中。江戸ソバリエ著『至福の蕎麦屋』（ブックマン社）、江戸ソバリエ協会編『江戸蕎麦めぐり（幹書房）、ほしひかる＋江戸ソバリエ『お蕎麦のレッスン』（高陵社書店）、ほしひかる＋江戸ソバリエ『蕎麦王国埼玉』（高陵社書店）、江戸ソバリエ協会編『新・神奈川のうまい蕎麦64選（幹書房）、幹書房編『新・埼玉のうまい蕎麦64選』（幹書房）、山口雅子著『静岡・山梨のうまい蕎麦83選』（幹書房）、そば遊楽隊編『休日の蕎麦と温泉めぐり』（幹書房）、片倉英統著『ライフスタイルとしての蕎麦屋』（幹書房）など、他にも編集協力など多数。

テレビ出演

「解体新ショー」（NHK）、「こんにちはいっと６けん」（NHK）、「にっぽんの芸能」（NHK・Eテレ）、「トラッド・ジャパン」（NHK･Eテレ）、「その時 味が動いた！」（BSフジ・フジテレビ）、「ノンストップ」（フジテレビ）、「テンション上がる会？」（テレビ朝日）、「幸福の一皿」（BS朝日」、「芸能人格付チェック」（テレビ朝日）、「シルシルミシル」（テレビ朝日）、「この差って何ですか？（TBS）」、「Nスタ」（TBS）、「江戸のススメ」（BS･TBSテレビ）、「L4」（テレビ東京）、「ZIP!」（日本テレビ）、「沸騰ワード10（日本テレビ）、「竹中直人の大人の笑い」（B･日テレ）、「コレスタン」（日本テレビ）など

新・みんなの蕎麦文化入門（アグネ承風社サイエンス007）
〜お江戸育ちの日本蕎麦〜

2021年3月29日　初版第1刷発行

著　　者　ほし　ひかる
発 行 者　朝倉健太郎
発 行 所　株式会社　アグネ承風社
表紙デザイン　高橋　雄二
〒178-0065　東京都練馬区西大泉5-21-7
TEL/FAX 03-5935-7178

印刷・製本所　モリモト印刷株式会社

検印省略（定価はカバーに表示してあります）
ISBN 978-4-910423-03-6
落丁本・乱丁本はお取り替えいたします